公文写作中最常见的100个错误

刘伟伟　著

中国人民大学出版社
·北京·

序

“言之无文，行而不远。”公文写作对公务员而言，是一项必备的基本技能。古人对写作十分重视，封建社会取士都要通过科举考试，没有写作能力是不可能进入仕途的。在当今社会，机关事业单位招考、选调公务员也都将具备“一定的文字功底”作为基本条件。所谓“一定的文字功底”，主要是指公文写作能力。从某个意义上讲，公文写作能力决定一个人从事公务工作的竞争力。

公文写作又是一项理论性和实践性都非常强的活

动。它既需要一定的理论知识作指导，同时又要注重写作实践经验的积累。正如列宁所说“要学会游泳，就必须下水”。刘伟伟同志长年在机关从事文字工作，不仅有较高的理论和知识素养，还有非常丰富的公文写作经验。尤其难能可贵的是，他在承担大量文字工作任务的基础上，利用休息时间，潜心学习，悉心研究，注重总结，终有所成。与人合著出版《新编大学应用文写作》一书，该书连续印刷多次，广受好评。近年来又辛勤撰写本书。他作为一名年轻机关干部，能坐得住冷板凳，把宝贵的业余时间用于写作，此乃可贵处一；对他人司空见惯的公文写作错误，能用心收集，系统总结，指谬补正，以助他人，此乃可贵处二。

本书从实践中来，再回到指导公文写作实践中去，具有极强的针对性。它不高深，却有公文写作理论作支撑；它不属鸿篇巨制，却有其独特价值。相信每一位读到本书并用心学习揣摩的人，都会从中有所收获。

是为序。

雷文洁

2015年3月11日

目　录

第一章　公文管理中的错误

第二章　公文办理中的错误

第三章　行文规则中的错误

第四章　公文格式上的错误

第五章　文种使用中的错误

第六章 公文标题中的错误

第七章　正文写作中的错误

第八章　公文语言风格上的错误

第九章　政务信息写作中的错误

第十章　讲话稿写作中的错误

第一章 公文管理中的错误

公文管理，是指单位内部以安全保密和充分发挥公文效用为目的，在公文运转各个环节中开展的规划、组织、控制、监督、整理、保管等职能活动。它包括管理机构、管理人员、管理制度等一整套完整的管理体制。

公文管理主要是对单位而言，它贯穿于公文处理工作的全过程，是公文写作的外部环境，是保障公文写作工作正常开展的重要基础。

一方面，单位要设立专门的公文管理机构，配置保密、机要、文印、审核、校对、档案等工作人员，制定一系列相应的工作流程和工作制度，加强公文的规范化管理。

另一方面，公文写作过程中的具体承担人员，要严格执行工作程序和规章制度，按照规范化的要求开展公文写作工作。

在当今的信息化时代，为提高工作效率，推行无纸化办公，目前很多单位按照公文管理的要求和流程，建设了网上公文管理系统，即Office Automation，通常简称为OA。不管是传统的管理方式，还是现代化的网络管理方式，公文的管理都必须做到严格规范。

各单位对公文的管理，要按照中共中央办公厅、国务院办公厅印发的《党政机关公文处理工作条例》中的相关规定执行。

1. 内部管理混乱

案例

某单位，日常对外发文，主要由各承办处室根据各自业务工作自己拟写文稿、送分管领导签批，重要文稿送主要领导签批，自行打印出正式文稿后，送单位办公室统一登记盖章，然后由各处室自己送至相关受文单位。

该单位在收到外来文件时，将上级单位、平级单位发来的“会议类”、“活动类”以及一些涉及面单一的文件交由办公室甲同志登记处理，将上级单位、平级单位发来的其他类型的文件交由办公室乙同志登记处理，将直属单位上报的文件交对口处室登记处理。

在对外来文件的办理过程中，有的文件由办公室甲同志填写“文件处理单”，提出拟办意见，交办公室主任签字；有的文件直接由办公室主任提出拟办意见。办公室将提出拟办意见的文件送分管领导、主要领导签字，在主要领导签批了明确办理意见后，具体承办处室又在领导签批的意见下面层层签写相关办理意见，处长签给副处长、副处长签给科长、科长签给科员。

问题分析

案例反映的是单位内部对公文管理不规范的问题。主要问题有三个方面：

（1）该单位没有专门的公文处理机构，没有专门的公文印制机构，公文由各处室自己打印。

（2）该单位没有规范的公文管理制度。发文办理和收文办理的程序环节不完整、顺序不对。发文处理过程中，没有履行复核、登记、校对、核发等程序。

（3）该单位在公文管理中违背基本的工作原则。一是违背了统一归口的原则，由多人分头负责外来文件的处理；二是违背了以主要领导签批意见为准的原则，在主要领导签批意见后，具体落实人员又层层签意见。

正确做法

（1）在发文处理中，各处室起草完文稿后，经处室负责人及机关领导签字，应送专门部门复核（一般是办公室负责复核），复核后到专门部门登记编号（一般是办公室负责登记编号），登记后送统一的机构印制（单位内部要设立文印室负责统一印制公文），正式印制前要打印清样由专人进行校对，校对无误后按规定份数印制，印制完成后送专门部门盖章（一般是办公室负责盖章），盖章后的正式公文留两份和有领导签批的原稿一起归档，其余的按规定途径核发。

即整个流程为：起草文稿—处室负责人及机关领导签字—专门部门复核—专门部门登记编号—文印室印制（印制过程中要校对，可由起草者自己校对，也可以由办公室专人校对）—办公室盖章—归档、核发。

（2）在收文处理中，所有的外来文件一般统一交由一位同志负责签收、登记、初审、承办、传阅、催办，需要答复的公文由相关人员负责起草，按照发文处理的流程办理。有条件的单位，可以将签收、登记、初审指定一人负责，将承办、传阅、催办指定另一人负责，由两人配合完成整个收文办理流程。

即整个流程为：签收（主要是与送文方进行交接，以示收到）—登记（主要登记来文单位、标题、文号、密级、紧急程度、成文日期、收文日期等）—初审（主要是对公文内容、格式进行审核，决定是否接受办理）—承办（主要是对阅知性公文提出合理的分送范围，对批办性公文提出合理的拟办意见）—传阅（主要是根据特定的顺序将公文送传阅对象阅批）—催办（主要是对公文的办理进展情况进行督促）。

（3）在主要领导签批意见以后，其他人员不要再在上面签写意见，具体承办处室只需要按照领导的意见去落实就行了。

相关链接

在公文管理的整个流程中要尽量把握三个原则：

一是统一实施。要设置专门的部门，指定专门的人员，统一负责相关工作。

二是一办到底。在发文办理中，起草文稿的人员要负责整个流程中文稿的传递，一般情况下不要中途转交给其他人。在收文办理中，签收、登记、初审、承办、传阅、催办一般也由一人一办到底，便于全面掌握公文的去向和进度。

三是明确责任。谁起草谁负责，谁审核谁负责，谁签字谁负责。

2. 不按规定办理

案例

小王在某县级单位工作，春节即将来临，科室领导让他就做好春节期间的有关工作，向所辖单位下发一个通知。小王接到任务后，迅速起草了一份《关于做好春节期间有关工作的通知》，并依次呈送相关领导签批。由于通知内容不长，用纸不多，小王就直接在自己电脑上打印出来，然后到办公室盖了章。他当时手头的事情比较多，就把做好的文件交给了单位的保安，让保安帮忙到附近的邮局寄发。

问题分析

案例反映的是，单位在公文处理方面有制度、有规定，但工作人员没有履行。

一是没有到文印室统一印制公文；二是将印制好的公文交由非工作人员发送。

正确做法

按照“依法治国”的方针，单位要依法行政，工作人员要依法、依规办事。

平时的工作中会遇到各种情况，但不管是简单，还是复杂，不管是轻松，还是忙碌，都应该遵守规章制度。在遵守规章制度的前提下，创新工作方法，提高工作效率。

在此案例中，小王应该到单位文印室印制公文，并通过单位规定途径发送公文。如自己到邮局寄送、自己直接将公文送到受文单位、委托单位机要员发送、通过政府公文交换站发送，等等。

3. 随意扩大传达范围

案例

某市政府收到省政府关于抓好当前一段时期内安全工作的通知，该通知明确注明“此件发至地市级”。市政府为了便于传达贯彻通知精神，直接将通知复印转发到市直单位和县市区政府。

问题分析

公文的印发传达范围，应当按照发文机关的要求执行，需要变更的，应当经发文机关批准。

案例中，市政府没有向省政府请示，私自扩大公文的传达范围，这种做法是违规的。

正确做法

（1）市政府如果要将文件原文复印转发，则必须向省政府请示，省政府批示同意后，方能实施。

（2）市政府可以重新拟文，按照省政府文件精神，站在市政府的角度，对市直单位和县市区政府提出贯彻省政府文件精神的具体意见和要求。

4. 随意确定秘密等级

案例

（1）某单位印制本系统“通讯录”，在“通讯录”的封面上标注“秘密”字样。

（2）某单位组织召开年度总结大会，会议工作组将领导讲话、典型单位发言、下一年度工作要点、表彰通报等会议材料汇编成册，并在封面注明“秘密”字样。

问题分析

根据相关法律法规，凡不能公开发表的涉及党与国家秘密的文件、档案、电报、图表、资料、图书、刊物、照片、移动存储介质、拟制文件过程中形成的草稿和清样、复印废页、印刷余份等，都属秘密文件的管理范围。秘密文件根据秘密程度的高低划为绝密、机密、秘密三个等级。

案例（1）中的本系统“通讯录”是日常工作中的联系方式，案例（2）中的领导讲话、典型单位发言、下一年度工作要点、表彰通报等，属于业务工作层面的材料，如果该单位不是负责国家安全保密工作的特殊单位，那么这些材料就不是“秘密”。将不是秘密的材料定为“秘密”的做法是错误的。

正确做法

如果该单位是负责国家安全保密工作的特殊单位，根据材料内容可以将其定为“秘密”。如果是一般单位，则不要在上面标注“秘密”字样，如果这些材料确实不能对外公布，可作为“内部材料”，不划密级，但注意保存，不经主管部门许可，不对外泄露。

5. 不按规定管理秘密文件

案例

某单位召开工作会议，将一份标注“秘密”的文件作为会议材料放在文件袋里发给参会人员。小王参加完会议后，将会议材料放在自己办公室保存。

问题分析

案例反映了两个问题，一是该单位将“秘密”文件直接放在文件袋里发给参会人员的做法是错误的；二是小王将从会议上带回的“秘密”文件自行保管的做法是错误的。

正确做法

（1）该单位应该将“秘密”文件当面发给参会人员，并让他们签字登记，特别重要的文件会议结束后要回收。

（2）小王作为参会人员，应该将参加会议带回的“秘密”文件，及时交给单位文件管理人员，个人不得保存。

6. 拟定为密级的公文在正式印发前公开

案例

小王在某单位从事文字工作，经常参与高级领导讲话稿的起草。一次，单位组织召开全局性会议，小王参与了领导会议讲话稿的起草工作，按照惯例领导的讲话内容会在会后以正式公文印发，并且会确定为“秘密”级。会议结束后，小王在另外一个单位工作的同学找到他，说他们单位领导想在第一时间传达上级领导讲话精神，让小王帮忙把领导的讲话稿提前给他。出于情面，小王把尚未正式印发的领导讲话稿的电子版拷贝了一份给他的同学。

问题分析

公文确定密级前，应当按照拟定的密级先行采取保密措施。

既然小王清楚地知道，此次会议领导的讲话内容会被确定为“秘密”级，那么他就应该按照“秘密”级公文的保密措施进行保管，不能私自转交给他人。

正确做法

小王应该坚持原则，按照“秘密”级公文的保密措施管理手中领导讲话稿的电子文档，向同学做好解释说明工作。

相关链接

党和国家的秘密，大部分包含在各种文件中，保证秘密文件的安全，是保守党和国家秘密的重要内容。

由于管理不善而造成的泄密事件时有发生，分析这些事件发生的原因，有的是工作人员保密意识差，认识不到位；有的是制度不健全，管理不到位；有的是知识跟不上，学习不到位；有的是工作不落实，监管不到位。

《中华人民共和国保密法》对涉密文件的制作、收发、传递、使用、复制、保存和销毁等各个环节的管理，都有相关的规定。从事公文管理的工作人员更应该加强学习，从自身做起，保守党和国家秘密，保证不泄密。

7. 随意销毁公文

案例

某单位从旧办公楼搬迁到新办公楼，在搬迁过程中，留下了大量的“废旧”文件、报纸、刊物和在日常工作中产生的有文字的废纸。为了简单了事，工作人员将这些没有用的纸质物品集中起来，在旧办公楼门口进行了焚烧。

问题分析

不具备归档和保存价值的公文，经批准后可以销毁。

但是，该单位没有向有关部门请示，私自销毁公文的做法是错误的。

正确做法

该单位应该对这些“废旧”的文件进行检查，把有归档和保存价值的文件收集起来，整理归档；将没有归档和保存价值的文件集中起来，送机要保密部门统一销毁，或者向机要保密部门请示，获得批准后自行销毁。

8. 私自保存公文

案例

根据组织部门安排，小王被派到上级部门挂职。挂职期满后，小王将平时手里保存的文件挑选了一部分，带回了原单位，方便今后工作使用。

问题分析

（1）在日常工作中，公文处理完成以后，要及时归档。小王把处理完的公文放在自己手里保存的做法是错误的。

（2）工作人员离岗离职时，所在部门应当督促其将暂存、借用的公文按照有关规定移交、清退。小王没有主动移交，而是将部分公文带走，这种做法是错误的。

正确做法

小王在挂职期间的工作中，公文处理完成以后，要及时将公文交单位档案室归档；在挂职期满返回原单位时，要主动对手里的公文进行清理，已经处理完成的公文要归档，尚在处理之中的公文要移交给接手的同志。

对不涉密的、符合小王所在单位传达范围的公文，小王可以复印并在挂职单位档案室登记，将复印件带回原单位供工作使用。

9. 私自拷贝公文

案例

小王大学毕业刚到机关，工作十分积极主动，为了尽快提高公文写作水平，他私下找到单位文印室的文印员，从文印员的电脑里，把最近几年来单位印发的各种公文一股脑地拷贝了一份，全部放在自己的办公电脑里面，方便在日常工作中学习借鉴。一天，机要保密部门来单位检查，通过专门的查找软件，从小王的办公电脑里面查出了一份标有“秘密”字样的公文。为此，整个单位受到了处罚，并被要求进行整改。

问题分析

（1）文印室是单位集中统一印制公文的地方，文印员应该承担相应的管理责任，不能私自将保存的公文电子版拷贝给其他人。

（2）不管是纸质公文还是电子公文，都应当集中统一管理，小王不是管理人员，不能私自拷贝并保存电子公文。

（3）对于涉密的电子公文，更应该按照相应的保密规定进行管理。

正确做法

“文印室”是一个单位机要保密的要害部门，是机要保密工作的重中之重，要严格按照相关规定进行管理。

小王想学习借鉴以往公文的写作方法，可以从其他渠道收集资料，如：从单位门户网站上下载，从单位档案室查阅、借用，等等，但不能从单位文印室的专用电脑上拷贝。

10. 缺乏档案意识

案例

某单位，一年到头，工作抓得非常紧，干部职工经常加班加点，工作有声有色，成绩亮点纷呈，上级领导也多次表示非常满意。但是，到年底相关单位来进行年度目标责任考核的时候，对照考核内容和标准，该单位有很多工作却交不上“账”来，考核小组无法对这些工作进行量化打分，最终，该单位没有被评上“年度目标责任考核优秀单位”。

问题分析

我国在 1987 年出台了《中华人民共和国档案法》，

1996 年又进行了修订，其中对档案的收集、整理、保管、利用等工作，进行了明确规定。

按照《档案法》规定，文件材料的整理归档，是党政机关工作的重要内容。各党政机关应该有一套规范完整的工作制度，并且按照相关要求配备专门的机构、场所和人员，将档案工作作为一项重要的日常工作进行对待。

案例中出现的问题，就是档案工作没有抓好、工作人员缺乏档案意识造成的。

正确做法

单位应加强档案管理，增强档案意识，及时将工作中形成的纸质材料、电子材料等进行分类、整理、归档，以便更好地反映工作，方便今后查阅。

尤其是对纳入年度目标责任考核的工作，更应该将与该项工作有关的所有材料收集整理起来，用档案资料来清楚明了、充分地反映工作完成的“轨迹”。

第二章 公文办理中的错误

公文办理是单位一项重要的、经常性的、基础性的工作，是单位实施正确领导和有效管理的重要手段，主要包括收文办理、发文办理和整理归档。

收文办理，包括签收、登记、初审、承办、传阅、催办等一系列程序。

发文办理，包括复核、登记、印制、核发等一系列程序。

整理归档，是根据《档案法》的有关规定和要求，将工作中形成的有归档价值的材料，进行收集、整理、归档。

这一系列程序，是从公文办理实践中总结出来的，它们之间相互关联、衔接有序，是公文写作工作的程序化要求、规范化保障和科学化体现。

11. 收文不登记

案例

一天，小王正在办公室紧张地工作，抓紧完成领导交办的事情。这时，下属单位的一位同志送来一份文件，文件中反映的工作不是小王具体负责，单位收文登记也不是小王负责，但是为了体现本单位良好的工作作风，小王还是收下了这份文件。因为当时很忙，没有及时将文件转交给具体负责收文登记的同志，后来持续加了几天班，就把这个事忘记了。过了一段时间领导追问起来，小王才猛然想起，但是已经耽误了办理时间。

问题分析

按照收文办理程序，收到的公文要在专门部门（办公室或文书处）统一登记，登记的主要内容是：来文单位、公文标题、文号、送达人或送达渠道、收文时间、拟交办的处室等。

小王犯的错误是没有履行登记程序，将公文放在自己手里，并且忘记了这件事。

正确做法

小王应该及时将代收的公文，转交给专门负责来文登记工作的同志，并配合该同志完成登记事项。

外面来单位办事的人员，可能不清楚该单位内部的人员分工，即使大致知道各内设处室（科室）的工作职能，也不一定清楚处室（科室）内部哪位同志具体负责什么工作、在哪间办公室办公。所以来访人员不管找到哪位同志，该同志都应该热情接待，这就是党政机关在工作中要求的“首问负责制”。

12. 收文不初审

案例

某单位年初从市政府领回了 31 件本年度人大提案和政协建议，领回任务以后单位领导高度重视，要求及时将这些提案和建议分办下去，按时办结。按照惯例，该单位办公室将它们分办到了相关业务处室，业务处室在办理的过程中，发现有一个提案和两个建议所提的内容超出了单位的业务职能范围。该单位将情况向市政府进行了反映，市政府将这三个提案和建议收回，按照内容重新进行了分办，但这样一来一去就耽搁了很长时间。

问题分析

该单位犯的错误是在收到公文时没有进行初审，导致办理工作出现反复。

正确做法

收到公文以后要进行初审。看这个公文是否应当由本单位办理，是否符合行文规则，文种、格式是否符合要求，涉及其他地区或者部门职权范围内的事项是否已经协商、会签，是否符合公文起草的其他要求。经初审不符合规定的公文，应当及时退回来文单位并说明理由。

该单位在接受市政府交办的人大提案和政协建议时，就应当对这些提案和建议进行初审，将不属于自己办理的提取出来，及时向市政府反映。

13. 分办不登记

案例

小王在某单位办公室工作，主任要求他将一份上级单位来的公文，分别送到五个有关的业务处室办理，然后将各处室办理情况汇总后上报。几个星期过去了，有的处室提交了办理情况，有的处室还没有动静。小王去催办时，他们却说没有收到办理任务。小王明明记得，公文的复印件每个处室都送到了，但是有的处室却说根本就没有收到。

问题分析

小王犯的错误是在分办时没有登记，没有将公文送达到承办处室的时间、具体承办人等信息进行登记。

正确做法

小王在将公文复印件分送五个业务处室时，应当将公文送达的时间、接收公文人的姓名登记下来，并让接收公文的同志签字，这样就做到了有据可查。

14. 公文横向传递

案例

小王在某单位产业处工作，一天，处长让他将一份已阅的公文退回机要室，小王看到单位领导在公文上面批示的意见是“请产业处、市场处阅”。小王心想，产业处已经阅了，市场处还没有阅，而市场处办公室就在隔壁，于是小王就直接将此公文转交市场处了。

问题分析

公文在传阅时应避免同级别对象之间发生相互传递的“横传”现象，以免传阅的公文失控，造成公文积压、丢失或下落不明等情况。

小王犯的错误就是将公文进行了“横向传递”。

正确做法

小王应该及时将已阅的公文退回机要室，由机要室传市场处阅，市场处阅后退回机要室。

15. 办件传递顺序错误

案例

某单位负责人为了让本单位申请的一个项目尽快得到上级批示，将关于该项目的“请示”直接送到了上级单位主要负责人手中。

问题分析

该单位文件传递的顺序不对。

正确做法

办件，即需要阅件人审批的公文，传递顺序是：主管部门或处室—主管领导—其他领导—主要领导。

该单位应该将“请示”送主管部门或处室，再送主管领导、其他领导，最后送主要领导；或者由主管部门或处室按照主管领导—其他领导—主要领导的顺序传送。

如果事情重大或者情况紧急，在送主要领导的同时，要分别送主管领导和其他领导。

16. 阅件传递顺序错误

案例

小王收到上级单位的通知，要求提供某项工作情况的文字材料，由于时间很紧，小王就先起草了一份材料，然后将上级单位的“通知”和拟上报的材料一起呈给领导。领导看后，对文字材料的内容提出了不同意见，小王只好重新起草。

问题分析

小王犯的错误是没有按照规定的顺序传递文件。

正确做法

阅件，即需要阅件人阅知的公文，有的只需要阅知，有的要在阅知的同时提出办理意见。

阅知性公文的传递顺序是：主要领导—主管领导—其他领导—需要阅知的部门或处室。同时，要根据公文的内容来确定传阅的范围，有的公文不需要传到主要领导那里。

小王应该将“通知”先送领导阅，然后按照领导提出的意见进行办理，起草文字材料。

17. 发文不审核

案例

小王在某单位办公室从事网站管理员工作。一天，单位办公室主任把他叫到办公室，告诉他有一下属单位要传一份公文过来并上网发布，让他办理一下。过了一会，小王从QQ上收到下属单位传来的公文的电子版。小王考虑到这是办公室主任亲自交代的事情，于是立即将公文在网上发布了。第二天，小王被主任叫到办公室，主任批评他工作不认真，告诉他昨天网上发布的公文内容有错误，对单位形象造成了不好的影响。对这件事情，小王觉得很委屈。

问题分析

小王觉得委屈是可以理解的。

但是他犯的错误也很明显，因为他没有履行公文上网发布前的审核程序。

正确做法

小王在收到下属单位要求上网发布的公文后，应该按照单位规定的公文上网发布程序，填写上网发布公文处理单，交专门审核人员或办公室主任审核签字后再上网发布。

18. 答复不及时

案例

某单位在作风建设活动中受到上级单位点名批评，因为有基层单位和社会群众反映该单位办事效率不高，尤其在公文处理上拖拉现象严重。

问题分析

该单位公文处理效率不高，答复不及时。

正确做法

办文就是办事。

公文是党政机关开展工作的载体和工具，对公文的处理一定要高效。

19. 发文时不核发

案例

某厅级单位向省政府报送关于一项工作的请示，工作人员将印制好的公文直接装进信封，送到公文交换站。省政府收到该公文后，发现公文正文中有一页纸没有印上文字。

问题分析

该单位工作人员在公文印制好后没有对其进行“核发”，没有及时发现印刷质量问题。

正确做法

所谓“核发”，就是公文印制好后对公文的文字、格式、印刷质量等进行检查。

该单位工作人员应该在将公文装进信封之前对其进行认真仔细地检查，确认无误后方能发送。

20. 发文不督办

案例

（1）小王在某单位从事文字写作工作，年关将近，要对全年工作进行总结。按照领导要求，小王向所辖单位下发了《关于报送年度工作总结的通知》，要求各单位在一周内将材料报上来。两个星期以后，领导要汇总之后的“年度工作总结”初稿，但这时还有部分单位的材料没有上报。

（2）某单位组织活动，小王按照要求向上级单位呈送了一份请示，请求上级单位领导出席该活动。活动即将举行，而上级单位领导是否出席还没落实，小王因此受到单位领导批评。

问题分析

不管是上行文、平行文、下行文，公文发出去以后，都要进行跟踪督办。要及时了解掌握公文的办理进展情况，督促承办部门按期办结，紧急公文或者重要公文应当由专人负责督办，不能一发了之。

案例（1）、（2）中小王所犯的错误均是公文发出去以后没有进行跟踪督办。

正确做法

案例（1）中，通知下发后，在规定的报送期限即将到时，如果发现仍有部分单位没有报送材料，就应该及时督促他们按时上报。

案例（2）中，请示呈上后，要与上级单位负责具体办理的同志随时保持联系，掌握办理情况，必要的时候要请单位领导出面协调加快办理进度。

第三章

行文规则中的错误

行文规则，是指各单位之间公文往来共同遵守的规范和原则，主要根据单位的职权范围和单位之间的工作关系来确定。

单位之间的工作关系主要有五种：

一是同一组织系统内的，上级与下级之间的，领导与被领导的关系。

二是同一专业系统内的，上级主管业务部门与下级主管业务部门之间的，指导与被指导的关系。

三是同一组织系统或专业系统内的，同级别单位之间的平行关系。

四是同一组织系统或专业系统内的，不同级别单位之间的不相隶属关系。

五是不同组织系统或专业系统的单位之间，无论级别高低，均为不相隶属关系。

以上这五种关系，决定了单位之间行文方式。

21. 同时主送多个上级单位

案例

某单位组织举办了一次全省性的大型活动，活动很成功，社会反响很好。为了展示成绩，让省领导知晓活动整体情况，该单位向省委省政府呈送了一份报告：

省×××厅关于×××活动情况的报告

省委、省政府：

在省委、省政府的高度重视和大力支持下，2014年9月1日至9月15日，我厅组织举办了×××活动，活动取得圆满成功，现将主要情况报告如下：

…………

问题分析

向上级单位行文，原则上只主送一个上级单位。

为什么不能主送多个上级单位？

因为同时主送多个上级单位，就失去了针对性，会给工作造成不便。

向上级单位行文，只有“报告”和“请示”两个文种。“报告”是阅知性公文，上级单位可以批复，也可以不予批复，如果同时呈送多个单位，对工作的影响还不是很大。“请示”是请求性公文，上级单位必须给予批复。如果同时呈送多个单位，请示的事项就失去针对性，到底是向谁请示，请谁来批复？在工作中，如果提出这样的“请示”，是得不到任何单位批复的，就会对工作造成很大的影响。

所以案例中该单位将省委、省政府同时作为主送单位呈送“报告”的做法是错误的。

正确写法

将同一份内容的“报告”写上不同的主送单位，制成两份公文，分别呈送。

向省委呈送一份，即：

省×××厅关于×××活动情况的报告

省委：

在省委、省政府的高度重视和大力支持下，2014年9月1日至9月15日，我厅组织举办了×××活动，活动取得圆满成功，现将主要情况报告如下：

…………

向省政府呈送一份，即：

省×××厅关于×××活动情况的报告

省政府：

在省委、省政府的高度重视和大力支持下，2014年9月1日至9月15日，我厅组织举办了×××活动，活动取得圆满成功，现将主要情况报告如下：

…………

以上两份公文，可以是同样的标题、相同的内容，但是不能把省委、省政府同时作为主送单位，必须分开报送。

22. 公文送领导个人

案例

×××厅关于2014年工作情况的报告

尊敬的×××书记：

在您的大力支持下，我厅2014年的工作取得了显著成绩，现将主要情况报告如下：

…………

特此报告。

省×××厅

2014年10月2日

问题分析

除上级单位负责人直接交办的重要事项外，不得以本单位名义向上级单位负责人报送公文。

因为直接将公文呈送上级单位负责人，就越过了收文办理中的签收、登记、初审、承办、传阅等环节，会对公文的办理造成混乱。

所以案例中该单位以单位的名义向上级单位负责人行文的做法是错误的。

正确写法

应该把主送单位改为上级单位名称，即：

×××厅关于2014年工作情况的报告

省委办公厅：

在省委的大力支持下，我厅2014年的工作取得了显著成绩，现将主要情况报告如下：

…………

特此报告。

××省×××厅

2014年10月2日

23. 领导个人向上级机关行文

案例

×××厅关于2014年工作情况的报告

省委办公厅：

在省委的大力支持下，我厅2014年的工作取得了显著成绩，现将主要情况报告如下：

…………

特此报告。

王××

2014年10月2日

问题分析

除上级单位负责人直接交办的重要事项外，不得以本单位负责人名义向上级单位报送公文。

因为单位之间往来的公文是单位对某项工作意愿的体现，是组织行为、集体行为。

以个人名义向上级单位报送公文，是代表个人，还是代表单位，公文中的内容是个人意愿，还是单位集体意愿，无法明确，也不符合要求。

所以案例中以单位负责人的名义向上级单位行文的做法是错误的。

正确写法

落款写单位名称，即：

×××厅关于 2014 年工作情况的报告

省委办公厅：

在省委的大力支持下，我厅 2014 年的工作取得了显著成绩，现将主要情况报告如下：

…………

特此报告。

××省×××厅

2014年10月2日

24. 同时请示多个事项

案例

×××局关于举办科技产业博览会的请示

市政府：

为搭建事业发展平台，拟于2014年8月10至15日组织举办“××市科技产业博览会”，现将有关事项请示如下：

请市财政给予100万元的经费支持；

请市政府召集相关市直单位召开产业博览会筹备会议；

请市领导出席8月10日上午9：00在市体育馆举行的开幕式，讲话并观看展览。

特此请示。

××市×××局

2014 年 8 月 2 日

问题分析

“请示”应当一文一事，即在一份“请示”里面只能有一个请示事项。

因为“请示”呈送到上级单位以后，上级单位在办理“请示”的过程中，不同的请示事项会由不同的部门来承办，而且不同请示事项的办理时间节点也不一样。如果把多个不同的事项放在一份“请示”里面报送，就会给“请示”的办理造成诸多不便，影响工作效率。所以一份“请示”里面只能有一个请示事项。

当然，关于同一个事项的几个不同内容可以一起请示。如案例中的“请市领导出席 8 月 10 日上午9：00 在市体育馆举行的开幕式，讲话并观看展览”，“讲话”和“观看展览”是请领导出席开幕式这个事项中的两个不同内容，可以一起请示。

该案例中将三个不同事项放在一起请示的做法是错误的。

正确写法

三个不同事项分开请示，如下。

请示（1）：

×××局关于给予科技产业博览会经费支持的请示

请示（2）：

×××局关于召开科技产业博览会筹备会议的请示

请示（3）：

×××局关于请市领导出席科技产业博览会开幕式的请示

也许有人会说，举办一个产业博览会就报送了三份“请示”，不符合中央“八项规定”精神的要求。其实，中央的要求从根本上讲是“实事求是”。就是说开会、发文、办事等要实事求是，能不开会尽量不开会，能不发文尽量不发文，能开短会尽量开短会，能写短文尽量写短文。但是工作确实有需要的，该发的文件必须要发，不然怎么开展工作呢？

25. 报告中夹带请示事项

案例

×××局关于科技产业博览会举办情况的报告

市政府：

在市政府的大力支持下，2014 年 8 月 10 至 15 日，我局组织举办的“××市科技产业博览会”取得圆满成功，现将具体情况报告如下：

一、博览会的基本情况

…………

二、博览会的主要成果

…………

三、博览会的社会影响

…………

四、在举办博览会中获得的经验启示

…………

此次科技产业博览会，××市产业研究交流中心等三家单位，王××等五位同志，在筹备和举办期间做了大量卓有成效的工作，为博览会的成功举办做出了重要贡献，恳请市政府对他们给予适当表彰和奖励。

特此报告。

××市×××局

2014年8月20日

问题分析

“报告”是阅知性文种，上级单位可以不予答复。“请示”是请求性文种，上级单位必须答复。报告上级单位知晓的事项用“报告”，请求上级单位支持解决的事项用“请示”，不能将请求上级单位支持解决的事项写在“报告”里面，也不能将报告上级单位知晓的事项写在“请示”里面。

案例选择的文种是"报告"，正文前面主要是在报告情况，后面突然将"恳请市政府对他们给予适当表彰和奖励"这一请示事项写了进去，这种写法是错误的。

正确写法

报告事项写在"报告"里面，请示事项写在"请示"里面。

即，报告情况，呈送一份"报告"：

×××局关于科技产业博览会举办情况的报告

市政府：

在市政府的大力支持下，2014年8月10至15日，我局组织举办的"××市科技产业博览会"取得圆满成功，现将具体情况报告如下：

一、博览会的基本情况

…………

二、博览会的主要成果

…………

三、博览会的社会影响

…………

四、在举办博览会中获得的经验启示

…………

特此报告。

××市×××局

2014 年 8 月 20 日

请示工作，再呈送一份“请示”：

×××局关于表彰科技产业博览会中
先进单位和个人的请示

市政府：

在市政府的大力支持下，2014 年 8 月 10 至 15 日，“××市科技产业博览会”取得圆满成功。此次科技产业博览会，××市产业研究交流中心等三家单位，王××等五位同志，在筹备和举办期间做了大量卓有成效的工作，为博览会的成功举办做出了重要贡献。

恳请市政府对这些单位和个人给予适当表彰和奖励。

专此请示。

××市×××局

2014 年 8 月 20 日

26. 内设处室向外行文

案例

关于召开全市文化产业工作会议的通知

各县、区文化局：

为分析当前我市文化产业发展形势，研究推动文化产业发展对策，定于9月20日至22日召开全市文化产业工作会议，现将有关事项通知如下：

…………

特此通知。

××市文化局产业科

2014年9月13日

问题分析

《党政机关公文处理工作条例》规定，部门内设机构除办公厅（室）外不得对外正式行文。

市文化局产业科属于文化局的内设机构，不能对外下发公文。如果工作中确实需要，可以函的形式来行文，但不能以正式公文的形式行文。

正确写法

把落款改为“××市文化局”或者“××市文化局办公室”。

27. 政府部门向下级政府行文

案例

省农业厅关于做好 2014 年春耕保障工作的通知

各市、县人民政府：

为做好 2014 年春耕保障工作，现就有关事项通知如下：

…………

问题分析

《党政机关公文处理工作条例》规定，党委、政府的办公厅（室）根据本级党委、政府授权，可以向下级党委、政府行文，其他部门和单位不得向下级党委、政府发布指令性公文或者在公文中向下级党委、政府提出指令性要求。需经政府审批的具体事项，经政府同意后可以由政府职能部门行文，文中须注明已经政府同意。

“省农业厅”是省政府的组成部门，不能向下级政府行文。

正确写法

如果确实需要行文，可以采取以下两种办法：

（1）请省政府行文，即：

省政府关于做好2014年春耕保障工作的通知

各市、县人民政府：

为做好2014年春耕保障工作，现就有关事项通知如下：

…………

（2）先向省政府请示，经省政府同意后行文：

省农业厅关于做好2014年春耕保障工作的通知

各市、县人民政府：

为做好2014年春耕保障工作，经省政府同意，现就有关事项通知如下：

…………

28. 越级行文

案例

省科技馆是省科技厅的二级单位，省科技馆馆长在日常工作中与省财政厅的同志建立了良好的工作关系。一次，省科技馆要举办一个展览，该馆就直接向省财政厅呈送了一份关于经费支持的请示。

省科技馆关于农业科技展办展经费的请示

省财政厅：

为了展示我省农业科技发展成果，我馆拟于 2014 年 10 月举办一次农业科技展览，展出农业科技方面的实物产品 100 件、图片 100 张。

…………

恳请贵厅给予 80 万元经费支持。

专此请示。

××省科技馆

2014 年 9 月 13 日

问题分析

省科技馆是省科技厅的二级单位，省财政厅与省科技厅是平级单位，省科技馆向省财政厅行文属于越级行文，这种做法是错误的。

正确写法

省科技馆向省科技厅请示，然后由省科技厅就省科技馆的请示事项向省财政厅行文。

即：

省科技厅关于农业科技展办展经费的函

省财政厅：

为了展示我省农业科技发展成果，省科技馆拟于 2014 年 10 月举办一次农业科技展览，展出农业科技方面的实物产品 100 件、图片 100 张。

……

恳请贵厅给予80万元经费支持。

专此致函。

××省科技厅

2014年9月13日

29. 非同级单位联合行文

案例

省委宣传部、省文化厅关于做好春节期间

文化工作的通知

各市、县党委宣传部、文化局：

为做好2014年春节期间的文化工作，特就有关事项通知如下：

…………

特此通知。

中共××省委宣传部

××省文化厅

2014年1月13日

问题分析

同级党政机关、党政机关与其他同级机关必要时可以联合行文。属于党委、政府各自职权范围内的工作，不得联合行文。

省委宣传部与省文化厅不是同级单位，它们之间联合行文的做法是错误的。

正确写法

省委宣传部主管全省的宣传文化工作，对做好春节期间文化工作的部署由省委宣传部一家单位行文即可。

即：

省委宣传部关于做好春节期间文化工作的通知

省直宣传战线单位，各市、县党委宣传部：

为做好 2014 年春节期间的文化工作，特就有关事项通知如下：

…………

特此通知。

中共××省委宣传部

2014 年 1 月 13 日

30. 同级单位在行文上变成上下级关系

案例

（1）省××厅自认为是弱势部门，向省财政厅申请经费时，为了表示对对方的尊重，用“请示”行文。

如《省××厅关于调整2014年部门预算的请示》。

（2）省发改委自认为是强势部门，向省××厅交流工作时，用“通知”行文。

如《省发改委关于报送2014年省级规划项目的通知》。

问题分析

“请示”是下级单位向上级单位或下级主管业务部门向上级主管业务部门行文时用的，“通知”是上级单位向下级单位或上级主管业务部门向下级主管业务部门行文时用的。

省××厅、省财政厅、省发改委均属于省政府组成部门，是同级单位，它们之间用“请示”、“通知”行文的做法是错误的。

正确写法

同级单位之间行文用“函”。

案例（1）省××厅向省财政厅行文，应为《省××厅关于调整2014年部门预算的函》；

案例（2）省发改委向省××厅行文，应为《省发改委关于报送2014年省级规划项目的函》。

第四章 公文格式上的错误

公文格式，是公文的表现形式，它是公文的权威性、严肃性和约束力在形式上的体现。

一份完整的公文，由份号、密级和保密期限、紧急程度、发文机关标志、发文字号、签发人、标题、主送机关、正文、附件说明、发文机关署名、成文日期、印章、附注、附件、抄送机关、印发机关和印发日期、页码等众多要素组成，一般情况下可以将这些要素划分为版头、主体、版记三个部分，每个部分在格式上都有严格的规定。同时，公文在用纸、字体、字号、行距、版式等方面，也有严格的规定。

熟练掌握公文的格式是从事公文写作最基本的要求。就像一个人，不管长相如何，首先要做到仪表端庄、格调高雅，才能赢得别人尊重。

31. 白头文件

案例

曾经有一段时间，媒体报道全国各地都出现过有不法分子拿着伪造的党政机关公文行骗的事情。以下就是从不法分子手中查获的伪造文件的一部分，其文字如下所示：

通　知

各州、市、县（区）文化局：

为了保护文化遗产，保持民族文化的传承，连接民族情感纽带、增进民族团结和维护国家统一及社会稳定的重要文化基础。维护世界文化多样性和创造性，促进人类共同发展。由国家文化部组织编写了《中华民族优秀传统文化遗产生产性保护工作实务全书》供相关单位参考学习使用，请各单位结合实际工作，认真贯彻执行。

请各单位接到通知后，抓紧统计征订数量，省文化厅特此通知。

该资料由中国文化出版社出版。16开精装全两卷，定价：618.00元。

问题分析

本章在“编者按”里面明确指出，一份完整的公文包括版头、主体、版记三个部分。

公文的版头位于公文首页上方，约占一页三分之一的篇幅，用红色分隔线与正文隔开，包括份号、密级、保密期限、紧急程度、发文机关标志、发文字号、签发人等要素。其中：

份号，即同一件公文印制若干份时给每份公文编的顺序号。标注份号的目的是加强管理，便于掌握公文的去向。不是每件公文都必须要有份号，标注份号主要是对涉密公文。如果发文机关认为确有必要，也可以对不涉密的重要公文标注份号。份号一般用6位3号阿拉伯数字顶格编排在版心左上角第一行。

密级和保密期限是指涉密公文依据《中华人民共和国保密法》，按照涉密程度标注的涉密等级和相应的时间。密级等级分为秘密、机密、绝密三等，相应的保密期限为10年、20年、30年。密级和保密期限，用3号黑体顶格标注在版心左上角第二行，保密期限中的数字用阿拉伯数字。密级和保密期限的标注，要遵循依法标注、实事求是、有利于工作开展的原则，不要过紧，也不要过松，更不能随便标注。

紧急程度是对公文送达和办理的时限要求。按照实际情况，一般紧急公文的紧急程度有加急、特急两种，用3号黑体字顶格标注在版心左上角，按照份号、密级和保密期限、紧急程度的顺序自上而下分行排列。

发文机关标志是公文版头部分的核心，由发文机关全称或规范化简称加“文件”组成，用套红大字居中印在公文首页上半部，其上边缘至版心上边缘为35mm，字体大小根据发文机关的实际情况而定，但要求醒目、美观、庄重，且小于上级机关字体大小。联合行文时，主办机关名称在前自上而下排列，“文件”二字在发文机关右侧居中排布。

发文字号是发文单位制发公文的编号，由机关代字＋年份＋发文顺序号组成，居中标注在发文机关标志下空两行位置，目的是便于公文的引用和检索。机关代字要求规范、精练，不与其他机关雷同，联合行文时只标注主办机关发文代字；年份用全称用六角括号括入；发文顺序号根据发文单位内部发文的顺序来编，不编虚位，不要“第”字，在阿拉伯数字后加“号”字。上行文的发文字号居左空一字标注，与最后一个签发人同处一行。发文字号与红色分隔线的距离为4mm。

上行文要标注签发人，由“签发人”三字＋全角冒号＋签发人姓名组成，居右空一字，标注在发文机关标志下空两行位置。“签发人”三字用3号仿宋字，签发人姓名用3号楷体字。联合发文要标明所有单位的会签人姓名，按照发文机关的顺序从左到右、一排两个、自上而下均匀排列。

一般情况下，公文的版头部分主要包括发文机关标志、发文字号、分隔线等要素。如下图所示：

×××××文件

×××〔2012〕14 号

★

很显然，该案例中的文件没有版头部分，属于白头文件。

正规单位正式行文不会出现这种情况，所以内行一看就可以断定这是伪造的文件。

正确写法

按照以上版头内容的详细说明，标出相应要素即可。

32. 标题不完整

案例

错误 31 中案例的标题为：

通 知

各州、市、县（区）文化局：

问题分析

一般情况下，公文的标题由发文机关名称＋“关于”＋事由＋“的”＋文种组成。如：

中共中央办公厅　国务院办公厅

关于印发《党政机关公文

处理工作条例》的通知

如果联合发文的单位很多，或者发文单位的名称很长，可以将发文单位名称省去。

但案例中公文的标题只有“通知”两个字，这显然是错误的。

正确写法

省×××厅关于……的通知

33. 标题排版不规范

案例

如果公文标题只有一行，则在排版上不会出现错误。但一些标题很长的公文，在排版的时候往往会出现很多花样。

（1）

中共×××省委高校工委　×××省教育厅

关于开展第一届全省高校辅导员年度人物

暨第六届全国高校辅导员年度人物评选活动的通知

（2）

中共×××省委高校工委　×××省教育厅

关于开展第一届全省高校辅导员年度人物暨第六届全国

高校辅导员年度人物评选的通知

问题分析

公文标题的排版最好采用倒三角形。

正确写法

中共×××省委高校工委　×××省教育厅关于开展

第一届全省高校辅导员年度人物暨

第六届全国高校辅导员年度人物

评选的通知

34. 紧急程度写在标题上

案例

省政府要求各地立即对各辖区内的公共场所进行安全巡查，确保社会公共安全。某市政府马上下发文件，落实省政府要求，文件标题为：

×××市政府关于开展公共场所安全巡查的紧急通知

问题分析

笔者在错误 31 的问题分析里面讲到：公文的紧急程度是对公文送达和办理的时限要求，是公文的要素之一，有专门规定的标注位置。

如果公文很紧急，可以在规定位置标注紧急程度，案例中将“紧急”二字写在标题上的做法是错误的。

正确写法

将“紧急”二字从标题中拿出来，用 3 号黑体字顶格标注在版心左上角，按照份号、密级和保密期限、紧急程度的顺序自上而下分行排列。

35. 主送机关表述不规范

案例

（1）某单位下发表彰通报：

×××局关于对 2013 年工作突出单位和
个人进行表彰的通报

各有关单位：

…………

（2）某省各系统向下行文时，主送机关各不相同。省政府发文：

省政府关于做好 2013 年春节工作的通知

各市、县人民政府：

…………

省教育厅发文：

省教育厅关于做好 2013 年春节工作的通知

各市（州）、县（市、区）教育局：

…………

省科技厅发文：

省科技厅关于做好 2013 年春节工作的通知

各市、直管市、县（市、区）科技局：

…………

问题分析

案例（1）的问题是主送机关模糊。“各有关单位”到底是哪些单位？恐怕只有发文单位自己知道。

案例（2）的问题是主送机关不统一。同是面对全省各地，但表述各不相同。

正确写法

主送机关表述需要遵循三个原则：

一是精准，即主送机关范围表述清楚，便于其他单位知晓，也便于发文单位催办。如果单位很多，不便于一一列举，也不便于统一归类，可以用“各直属单位、各成员单位、各相关社会团体”等等，尽量缩小范围，表述清楚，提高针对性。

二是规范，即主送机关名称用规范化简称。有多个主送机关时，同一类的机关放在一起，中间用顿号隔开，用逗号和其他类的机关隔开。

三是统一，即对同一个地区、同一个范围内的主送机关的名称表述要统一。至于怎么统一，最简单的方法是统一按照上级机关的写法来写。如，中央和国务院对下行文时主送机关表述为“各省、自治区、直辖市党委和人民政府”，那么教育部向全国教育系统行文时主送机关就应该表述为“各省、自治区、直辖市教育厅”。

根据以上原则，案例（1）应该写为：

×××局关于对2013年工作突出单位和

个人进行表彰的通报

局直属各单位：

…………

案例（2）中的表述要统一，全省各个系统都按照省政府发文时的写法统一写为“各市、县×××局”。这里的“市”包括了所有的“地市级”单位，“县”包括了所有的“县级”单位，应该是比较科学的写法。

36. 附件使用不当

案例

（1）某厅向省政府办公厅报送 2013 年工作总结，将《2013 年工作总结》作为附件。

省×××厅关于 2013 年工作总结的报告

省政府办公厅：

现将《省×××厅 2013 年工作总结》呈上，请审阅。

特此报告。

附件：省×××厅 2013 年工作总结

（2）某省科技厅向全省系统转发上级单位文件，将上级单位文件作为附件。

省科技厅关于转发科技部申报 2013 年国家社科基金课题的通知

各市、县科技局：

现将《科技部关于申报 2013 年国家社科基金课题的通知》转发你们，请遵照落实。

特此通知。

附件：科技部关于申报 2013 年国家社科基金课题的通知

问题分析

所谓“附件”，就是指正文的附属部分，在正文里面没有说清楚的，或者不便于放在正文里面说的，附在正文后面起补充说明作用的材料。

案例（1）中的“省×××厅 2013 年工作总结”和案例（2）中的“科技部关于申报 2013 年国家社科基金课题的通知”，是促使制发这篇公文的原因，没有它们就没有这篇公文，它们与正文之间不是附属与被附属、补充与被补充的关系。

所以将它们作为附件是错误的。

正确写法

案例 1

省×××厅关于 2013 年工作总结的报告

省政府办公厅：

现将《省×××厅 2013 年工作总结》呈上，请审阅。

特此报告。

×××省×××厅

2013 年 12 月 20 日

不在第一页写附件说明，把《省×××厅 2013 年工作总结》的标题以及整个内容，直接从文件的第二页接着写。

案例 2

省科技厅关于转发科技部申报 2013 年国家社科基金课题的通知

各市、县科技局：

现将《科技部关于申报 2013 年国家社科基金课题的通知》转发你们，请遵照落实。

特此通知。

×××省科技厅

2013年12月20日

不在第一页写附件说明，把《科技部关于申报2013年国家社科基金课题的通知》的标题以及整个内容，直接从文件的第二页接着写。

这样只是在形式上与第一页的内容分开，但它们仍然是正文的一部分。

37. 附件说明位置不当

案例

某厅组织开展一项活动，向省政府行文请示，请省领导出席该活动，并将活动详细方案作为附件一起呈送。

省×××厅关于请省领导出席省直机关优秀共产党员表彰活动的请示

省政府：

按照省委要求，我厅组织对省直机关优秀共产党员进行了推荐、评审，确定了本年度省直机关优秀共产党员名单并于 2013 年 7 月 1 日上午 9：00 在群众活动中心一楼召开表彰大会。恳请省领导出席表彰大会，为优秀共产党员颁发荣誉证书。

特此请示。

×××省×××厅

2013 年 6 月 20 日

附件：省直机关优秀共产党员表彰大会方案

问题分析

案例中将《省直机关优秀共产党员表彰大会方案》作为附件一同报送的做法是正确的，因为这样可以让省领导掌握请他出席的这项活动的整体情况，但是附件说明放的位置不对。

所谓“附件说明”，是对附件的顺序号、名称的说明。案例中的附件说明就是“附件：省直机关优秀共产党员表彰大会方案”，它的位置应该在正文与成文日期之间。具体写法是在正文下空一行左空两字编排“附件”二字，后标全角冒号和附件名称。如有多个附件，使用阿拉伯数字标注附件顺序号（如附件：1. ××××××××）。附件名称后不加标点符号，附件名称较长需要回行时，应与上一行附件名称的首字对齐。

正确写法

省×××厅关于请省领导出席省直机关优秀共产党员表彰活动的请示

省政府：

按照省委要求，我厅组织对省直机关优秀共产党员进行了推荐、评审，确定了本年度省直机关优秀共产党员名单，并于2013年7月1日上午9：00在群众活动中心一楼召开表彰大会。恳请省领导出席表彰大会，为优秀共产党员颁发荣誉证书。

特此请示。

附件：省直机关优秀共产党员表彰大会方案

×××省×××厅

2013年6月20日

38. 附件位置不当

案例

省×××厅关于请省领导出席省直机关优秀
共产党员表彰活动的请示

省政府：

按照省委要求，我厅组织对省直机关优秀共产党员进行了推荐、评审，确定了本年度省直机关优秀共产党员名单，并于2013年7月1日上午9：00在群众活动中心一楼召开表彰大会。恳请省领导出席表彰大会，为优秀共产党员颁发荣誉证书。

特此请示。

附件：省直机关优秀共产党员表彰大会方案

×××省×××厅

2013 年 6 月 20 日

×××省×××厅办公室　　　　2013 年 6 月 20 日印发

附件

省直机关优秀共产党员表彰大会方案

一、时间、地点

…………

二、出席人员

…………

三、主要内容

1. …………

2. …………

3. …………

4. …………

问题分析

“附件”是整个公文的一部分，应该放在版记之前，该案例中将附件内容放在版记之后的做法是错误的。

正确写法

省×××厅关于请省领导出席省直机关优秀共产党员表彰活动的请示

省政府：

按照省委要求，我厅组织对省直机关优秀共产党员进行了推荐、评审，确定了本年度省直机关优秀共产党员名单，并于 2013 年 7 月 1 日上午 9：00 在群众活动中心一楼召开表彰大会。恳请省领导出席表彰大会，为优秀共产党员颁发荣誉证书。

特此请示。

附件：省直机关优秀共产党员表彰大会方案

×××省×××厅

2013 年 6 月 20 日

（另起一页）

附件

省直机关优秀共产党员表彰大会方案

一、时间、地点

…………

二、出席人员

…………

三、主要内容

1. …………

2. …………

3. …………

4. …………

××× 省 ××× 厅办公室　　　2013 年 6 月 20 日印发

---

39. 缺少附注

案例

省×××厅关于请省领导出席省直机关优秀共产党员表彰活动的请示

省政府：

按照省委要求，我厅组织对省直机关优秀共产党员进行了推荐、评审，确定了本年度省直机关优秀共产党员名单，并于2013年7月1日上午9：00在群众活动中心一楼召开表彰大会。恳请省领导出席表彰大会，为优秀共产党员颁发荣誉证书。

特此请示。

附件：省直机关优秀共产党员表彰大会方案

×××省×××厅

2013 年 6 月 20 日

问题分析

附注，主要用于说明在公文中其他区域不便说明的各种事项，如“此页无正文”、“此件发至县团级”等。同时，一般情况下上行文特别是“请示”要有附注，因为“请示”是需要被请示单位批示的，被请示单位在办理“请示”的过程中可能会有一些问题需要与请示单位联系，因此要以附注的形式将请示单位的联系人、联系方式标注出来，而这些内容也正是在公文正文中不便说明的。

该案例是请示性上行文，省政府收到“请示”以后肯定会有一个答复。但“请示”中没有留联系人和联系方式，省政府具体办文人员找不到对方具体办事人员，无法及时告知其办理结果，就会影响工作效率。

正确写法

按照格式规定，附注应该左空两字加圆括号编排在成文日期的下一行。如：

省×××厅关于请省领导出席省直机关优秀共产党员表彰活动的请示

省政府：

按照省委要求，我厅组织对省直机关优秀共产党员进行了推荐、评审，确定了本年度省直机关优秀共产党员名单，并于2013年7月1日上午9：00在群众活动中心一楼召开表彰大会。恳请省领导出席表彰大会，为优秀共产党员颁发荣誉证书。

特此请示。

附件：省直机关优秀共产党员表彰大会方案

×××省×××厅

2013年6月20日

（附注：联系人×××；联系方式××××××××）

40. 印章与发文单位名称不一致

案例

某省科技厅承办第一届新兴产业博览会，为推动筹备工作，在省政府的支持下成立了筹备工作委员会。委员会主任由省政府领导担任，成员由相关厅局负责人担任。委员会办公室设在该厅，办公室主任由该厅领导担任，负责处理日常工作。为了解决筹备工作中遇到的问题，该厅报经省政府同意，组织召开一次筹备工作会议。文件为：

关于召开第一届新兴产业博览会筹备工作会议的通知

筹委会各成员单位：

为更好地推进第一届新兴产业博览会筹备工作，

定于2014年5月10日召开一次筹备工作会议，现将有关事项通知如下：

…………

特此通知。

×××省科技厅

2014年4月25日

问题分析

很显然，该“通知”的发文单位名称是“第一届新兴产业博览会筹备工作委员会办公室”，但印章用的是“×××省科技厅”，发文单位名称与署名不一致。

一般情况下，公文的发文机关与署名是一致的，案例中所说的是一种特殊情况。产生这种情况的原因是：

（1）“第一届新兴产业博览会筹备工作委员会办公室”是个临时机构，活动结束就会取消，没有专门制作机构印章；

（2）这个机构要开展工作，要对外发文。

虽然这是个特殊情况，但是也不能因此而不遵守公文的写作规范。

正确写法

既要开展工作，又要遵守公文写作要求，有四种解决方法：

（1）请省政府发文召集组委会成员单位，加盖省政府公章；

（2）以省科技厅名义发文，但不能用“通知”，要用“函”这个文种（因为省科技厅与被召集单位是平级单位），加盖省科技厅公章；

（3）以“第一届新兴产业博览会筹备工作委员会办公室”的名义发文，注明“省科技厅代章”，加盖省科技厅公章；

（4）制作一枚以“第一届新兴产业博览会筹备工作委员会办公室”的印章，以“第一届新兴产业博览会筹备工作委员会办公室”的名义发文，并加盖印章。

相关链接

由于公文的要素很多，公文的格式要求也很多，很多格式方面的错误不便一一展示，因此在本章的结尾再用网上出现的一份假文件向大家展示公文格式上的错误，以此点到为止。

2014 年 5 月，新疆地区出现一份假通知文件，该文件称“6 月 5 日施行新疆局部地州互联网关闭措施，和田、喀什、阿克苏等地州关闭互联网”。造成了不良的社会影响。

对此，人民网于 5 月 28 日发布了一篇新闻，全文如下。

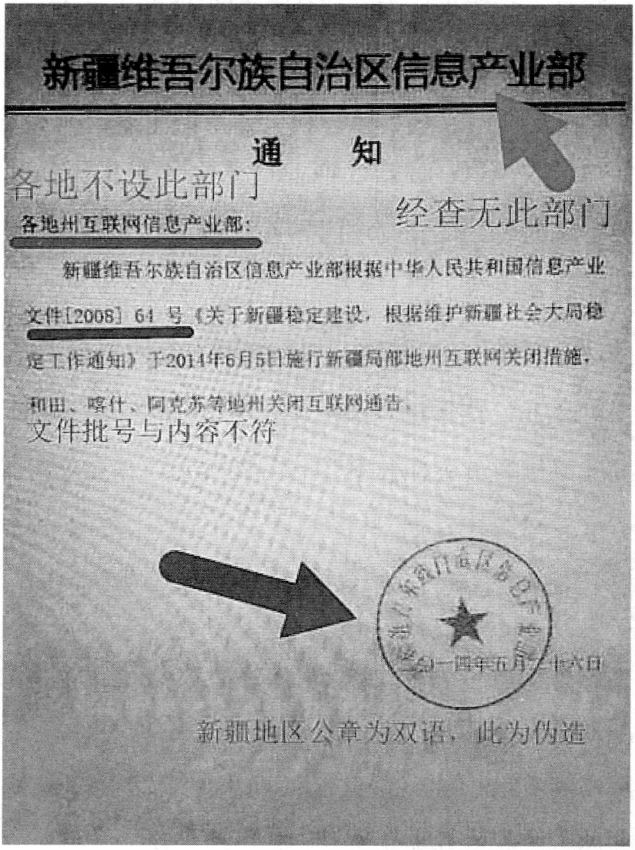
新疆维吾尔族自治区信息产业部

通 知

各地州互联网信息产业部：

新疆维吾尔族自治区信息产业部根据中华人民共和国信息产业文件[2008] 64 号《关于新疆稳定建设，根据维护新疆社会大局稳定工作通知》于2014年6月5日施行新疆局部地州互联网关闭措施，和田、喀什、阿克苏等地州关闭互联网通告。

二〇一四年五月二十六日

官方辟谣："新疆局地将断网通知"是假文件　破绽太多

人民网北京5月28日电　针对一份"新疆喀什等地将关闭互联网"的假通知文件，新疆喀什地委对外宣传办公室官方微博今日发消息表示，该通知为造假文件，破绽太多。

近日，新疆地区出现一份假通知文件，该假文件称"6月5日施行新疆局部地州互联网关闭措施，和田、喀什、阿克苏等地州关闭互联网"。对此，新疆喀什官方表示，这个假文件的破绽太多，包括其公章没有维吾尔文、公章多了一个"族"字、红头文件格式和字体不对、地州没有部级部门等。

新疆警方提醒，大家要不信谣、不传谣，擦亮眼睛、理清头脑、提高警惕。

第五章 文种使用中的错误

文种，即公文的种类。

从大的方面讲，公文可分为两类，一类是法定公文，一类是非法定公文。

所谓法定公文，就是2012年4月16日中共中央办公厅、国务院办公厅联合印发的《党政机关公文处理工作条例》（中办发〔2012〕14号）中规定的15个文种，即决议、决定、命令（令）、公报、公告、通告、意见、通知、通报、报告、请示、批复、议案、函、纪要。在此之前党委、人大、政府、政协、军队系统的公文种类并不统一。

所谓非法定公文，就是《党政机关公文处理工作条例》中没有，但在工作中又经常用到的，如各种类型的信息简报、内部参考等。因为它们也具有一定的沟通信息、交流经验、部署工作的功能，为了方便工作可以统称为公文。但这种非法定公文只限于系统内部交流，对外则不具备法律效力。

不管是法定公文还是非法定公文，每个文种的选择和使用都有自己特定的规范和要求，不能混淆。

41. 自编文种

案例

（1）某单位向上级单位反映半年来的工作情况，呈交的公文标题是“×××局关于2014年上半年工作情况的汇报”。

（2）某省文物局收到群众举报，反映某市的文物保护单位遭到破坏。省文物局要求市文物局立即进行调查，市文物局在调查清楚后向省文物局汇报，呈交的公文标题是“×××市文物局关于群众反映事项调查情况的回复”。

问题分析

案例（1）中使用的文种是“汇报”。案例（2）中使用的文种是“回复”。

“汇报”、“回复”都是自编文种，不属于法定公文文种。

正确写法

从实际工作出发，案例（1）、（2）都应该采用“报告”这个文种。

案例（1）的正确写法为“×××局关于 2014 年上半年工作情况的报告”；

案例（2）的正确写法为“×××市文物局关于群众反映事项调查情况的报告”。

42. 法定公文与非法定公文混淆

案例

某单位组织对外公开招聘，在公布入围人员名单，告知入围者按照指定时间到指定地点参加面试时，其公文标题是“×××厅关于公开招聘笔试成绩入围人员名单的公示”。

问题分析

《党政机关公文处理工作条例》是对中国共产党机关和国家行政机关（简称党政机关）公文处理工作提出的要求，所有党政机关在处理公务时必须遵守《党政机关公文处理工作条例》的规定。

案例中的“×××厅”属于党政机关，应当遵守《党政机关公文处理工作条例》的规定。《党政机关公文处理工作条例》规定的15个文种中没有“公示”。所以该单位使用“公示”这一文种是错误的。

正确写法

就该案例来讲，人员招考是一般事务性工作，告知当事人用“通知”即可。所以正确的文种应该是“通知”，即“×××厅关于公开招聘笔试成绩入围人员名单的通知”。

相关链接

其实，“公示”这个非法定文种在日常工作中经常用到。尤其是党政机关在开展人事任免、各项评奖等工作时，按照法定程序和政务公开的要求，都必须将候选人、候选单位名单向社会公布，征求人民群众的意见。在这项工作中，很多单位就会采用“公示”。

从工作的普遍性来看，“公示”可以作为非法定文种。

目前，“公示”在各单位、各部门的使用似乎已经司空见惯、习以为常，并且用“公示”处理的公务还具有一定的效力。针对这个情况，笔者建议：

一是在处理对外的、具有特定效力的公务时，要用《党政机关公文处理工作条例》中规定的文种。在处理内部事务时可以用“公示”这一非法定文种，进行内部业务交流。

二是在今后重新修订《党政机关公文处理工作条例》时将“公示”作为法定文种纳入其中。因为在工作中，“公示”与现行的《党政机关公文处理工作条例》中规定的类似文种如公报、公告、通告、通知、通报等，在发文目的、发文内容、约束力上有不同之处，在功能上也无法互相替代。

43. “决议”使用的错误

案例

×××省×××厅，召开党组会议，对新办公楼建设事项进行了讨论，形成了一致意见，会后印发了《×××厅党组会议关于新办公楼建设有关事项的决议》。

问题分析

“决议”在使用中要遵循三个原则：

一是必须是会议讨论通过的事项；

二是必须是党政机关高规格的会议通过的事项；

三是必须是涉及重要问题的事项。

如《中国共产党第十八次全国代表大会关于〈中国共产党章程（修正案）〉的决议》《第十一届全国人民代表大会第五次会议关于政府工作报告的决议》。

该案例中，“厅党组会议”是会议，但不是高规格的会议。讨论的“新办公楼建设”不是涉及全局性的重要事项，所以用“决议”是错误的。

正确写法

根据案例中的实际情况，该篇公文应该使用“决定”这一文种，即《×××厅党组会议关于新办公楼建设有关事项的决定》或者《×××厅党组关于新办公楼建设有关事项的决定》。

因为《党政机关公文处理工作条例》中规定，“决定。适用于对重要事项作出决策和部署、奖惩有关单位和人员、变更或者撤销下级机关不适当的决定事项。”

“决定”可以是会议作出的，也可以是党政机关直接作出的，而且对会议的规格没有特别要求。“新办公楼建设”对该单位来说是一项重要工作。所以该案例应该用“决定”这一文种。

相关链接

决议与决定的异同如下：

（1）决议与决定都是决策性公文，都是下行文，都是上级组织、机关对重大问题的处理或重要事项的决策性意见、措施等，要求下级机关贯彻执行。

（2）决议的内容必须是经过会议讨论表决通过的。党政机关高规格的、涉及重要问题的会议才能用决议。

（3）决定的内容有时是会议通过的，有时是行文机关直接作出的。

44. “命令”使用的错误

案例

×××市第一高级中学在高考中取得了优异成绩，在全国产生了重大影响。为了表彰这所学校，省教育厅印发了《省教育厅对×××市第一高级中学的嘉奖令》。

问题分析

《党政机关公文处理工作条例》中规定：“命令（令）。适用于公布行政法规和规章、宣布施行重大强制性措施、批准授予和晋升衔级、嘉奖有关单位和人员。”

其中规定嘉奖有关单位和人员可以用命令。

但是《中华人民共和国宪法》及相关法律规定，中华人民共和国主席、全国人大常委会委员长、国务院总理、国务院各部部长和各委员会主任及县级以上的地方各级人民政府有权发布命令（令），其他任何单位和个人无权发布命令（令）。

如：“中华人民共和国主席令”“中华人民共和国国务院令”“中华人民共和国文化部令”“湖北省人民政府令”。

按照《中华人民共和国宪法》规定，案例中的“省教育厅”是无权发布命令的，所以该案例中采用的文种是错误的。

正确写法

根据案例的实际情况，×××市第一高级中学高考取得的成绩在全国产生了重大影响，在全省范围内给予奖励，属于重大事项。根据本章错误 43 中讲到的“决定”的适用范围，该案例可以用“决定”这个文种。

即标题可改为《省教育厅关于对×××市第一高级中学给予奖励的决定》。

相关链接

命令（令）是国家领导机关意志的体现，具有权威性、强制性、严肃性。“慎乃出令，令出惟行”。在工作中一定要按照规定使用，不可随意使用。

45. “公报”使用的错误

案例

×××省大力发展文化产业，通过两个五年规划期的持续推动，全省文化产业整体实力显著提升，走在了全国前列。为展示成绩，该省在报纸上发布了《×××省文化产业发展情况公报》。

问题分析

《党政机关公文处理工作条例》中规定：“公报。适用于公布重要决定或者重大事项。”

从目前党政机关在实际工作中使用的情况来看，公报具有以下特点：

一是重要性。公报的内容是社会普遍关注的重大事件或党政机关的重要决定。

如：

中国共产党第十八届中央委员会第四次全体会议公报

(2014年10月23日中国共产党第十八届中央委员会第四次全体会议通过)

中国共产党第十八届中央委员会第四次全体会议，于2014年10月20日至23日在北京举行。

出席这次全会的有，中央委员199人，候补中央委员164人。中央纪律检查委员会常务委员会委员和有关方面负责同志列席了会议。党的十八大代表中部分基层同志和专家学者也列席了会议。

全会由中央政治局主持。中央委员会总书记习近平作了重要讲话。

全会听取和讨论了习近平受中央政治局委托作的工作报告，审议通过了《中共中央关于全面推进依法治国若干重大问题的决定》。习近平就《决定（讨论稿)》向全会作了说明。

二是多样性。公报可以新闻的形式发布，也可以党政机关的名义发布。

如：《2012年全国教育事业发展统计公报》《中华人民共和国文化部2013年文化发展统计公报》。

三是公开性。公报通常面向全社会，公开性、透明性很高。

如：

中华人民共和国2011年国民经济和

社会发展统计公报

中华人民共和国国家统计局

2012年2月22日

2011年，面对复杂严峻的国内外环境，全国各族人民在党中央、国务院的正确领导下，坚持以邓小平理论和“三个代表”重要思想为指导，坚持以科学发展为主题、以加快转变经济发展方式为主线，全面贯彻落实加强和改善宏观调控的各项政策措施，国民经济保持平稳较快发展，各项社会事业取得新的进步，实现了“十二五”时期良好开局。

…………

因此，根据“公报”的特点，“公报”的内容应该是全社会普遍关注的重大事件或党政机关的重要决定，它的受众很广，通常是面向全社会。

案例中×××省的文化产业发展只是该省各项工作中的一项，不属于全社会普遍关注的重要工作，受众也只限于该省范围内，所以不能够用“公报”这个文种。

正确写法

如果一定要向社会公布该省近年来的文化产业发展情况，可以采用新闻信息的形式在报纸、网站上刊登。

46. “公告”使用的错误

案例

×××省人民政府关于禁止在长江分蓄洪区东分块蓄洪工程建设控制范围内新增建设项目和迁入人口的公告

各市、州、县人民政府，省政府各部门：

长江分蓄洪区东分块蓄洪工程是全省水利发展“十二五”规划确定的重点建设项目。为了保证工程建设和移民搬迁安置工作顺利进行，根据《中华人民共和国水法》和《大中型水利水电工程建设征地补偿和移民安置条例》（国务院令第 471 号）的规定，现公告如下：

…………

问题分析

《党政机关公文处理工作条例》中规定："公告。适用于向国内外宣布重要事项或者法定事项。"

根据实际使用情况，"公告"有以下特点：

一是宣布事项的重大性。公告所宣布的内容是有关国家经济、政治、文化、军事、外交、人事、科技等方面的"重要事项"，由国家机关依法公开的"法定事项"。如全国人民代表大会颁布宪法的公告，宣布选出国家主席、副主席的公告，国家领导人任职、出访、病重、逝世的公告等。

二是告知范围的广泛性。公告没有特定的受文对象，宣布的重要事项是需要国内外了解、周知、遵守和执行的事项。制发公告的机关与受文机关之间一般没有直接的隶属关系。

三是发文机关的特定性。公告仅限于国家权力机关、行政机关以及被授权的部门发布。

如：

国务院公告

为表达全国各族人民对四川汶川大地震遇难同胞

的深切哀悼，国务院决定，2008年5月19日至21日为全国哀悼日。在此期间，全国和各驻外机构下半旗志哀，停止公共娱乐活动，外交部和我国驻外使领馆设立吊唁簿。5月19日14时28分起，全国人民默哀3分钟，届时汽车、火车、舰船鸣笛，防空警报鸣响。

国务院公告

为表达全国各族人民对青海玉树地震遇难同胞的深切哀悼，国务院决定，2010年4月21日举行全国哀悼活动，全国和驻外使领馆下半旗志哀，停止公共娱乐活动。

国务院公告

为表达全国各族人民对甘肃舟曲特大山洪泥石流遇难同胞的深切哀悼，国务院决定，2010年8月15日举行全国哀悼活动，全国和驻外使领馆下半旗志哀，停止公共娱乐活动。

中国外汇交易中心受权公布人民币汇率中间价公告

中国人民银行授权中国外汇交易中心公布，2012年1月4日银行间外汇市场人民币汇率中间价为：1美元对人民币6.300 1元，1欧元对人民币8.220 4元，100日元对人民币8.219 8元，1港元对人民币

0.811 12元，1 英镑对人民币 9.853 7 元，1 澳大利亚元对人民币 6.521 9 元，1 加拿大元对人民币 6.223 9 元，人民币 1 元对 0.498 51 林吉特，人民币 1 元对 5.038 3 俄罗斯卢布。

中国外汇交易中心

2012 年 1 月 4 日

中华人民共和国国家发展和改革委员会

中华人民共和国国家质量监督检验检疫总局

国家认证认可监督管理委员会

公　　告

2012 年第 39 号

根据《能源效率标识管理办法》（国家发展改革委和国家质检总局第 17 号令）规定，国家发展改革委、国家质检总局和国家认监委组织制定了《中华人民共和国实行能源效率标识的产品目录（第十批）》、《微型计算机能源效率标识实施规则》，现予公告。

《微型计算机能源效率标识实施规则》自 2013 年 2 月 1 日起实施，2013 年 2 月 1 日前出厂或进口的产品，可延迟至 2014 年 2 月 1 日前加施能效标识。纳入节能产品惠民工程推广目录的产品应依据《产品惠民工程高效节能台式微型计算机推广实施细则》（财建〔2012〕702号）的时限要求加施能效标识。

国家发展改革委

国家质检总局

国家认监委

2012年11月14日

该案例不属于《党政机关公文处理工作条例》中规定的“向国内外宣布的重要事项或法定事项”，所以该案例使用“公告”这一文种是错误的。

正确写法

根据该案例中的内容，选用“通告”这一文种即可，即《×××省人民政府关于禁止在长江分蓄洪区东分块蓄洪工程建设控制范围内新增建设项目和迁入人口的通告》。

相关链接

（1）“公报”与“公告”的异同。

相同点："公报"与"公告"都是向国内外公开宣布重要事项的公文，都可以通过新闻媒体发布。

不同点："公告"多用于宣布重大消息，内容简单。"公报"一般用于公布重要会议或重要事项，内容比较具体。

(2)"公告"与"通告"的异同。

相同点：两者均有向社会公布相关事项的作用。

不同点：在宣布的事项上，"公告"重于"通告"。在公布的范围上，"公告"广于"通告"。在发文的机关级别上，"公告"高于"通告"。在行文目的上，"公告"以普遍告知为目的，不强制要求受文者遵守或执行公告所示内容，而"通告"除了告知受文者相关问题或信息外，还要求受文者遵守或执行。

47. “通告”与“通报”的混淆

案例

×××市纪委关于作风建设典型问题的通告

各市、县纪委，市直单位：

中央“八项规定”颁布以来，我市共查处违反作风建设规定的案件813起，问责处理干部950人，免职39人，其中有8起作风建设典型问题。

这8起典型问题分别是……

各级领导干部要率先垂范，不折不扣执行作风建设规定，切实增强改进作风的主动性和自觉性。各地各部门要针对突出问题，查找管理漏洞和薄弱环节，按规定及时公开“三公”经费预决算情况，接受社会监督。各级纪检监察机关要采取专项检查、随机抽查和暗访督查等多种方式，及时查纠问题。对群众反映强烈、顶风违纪的问题，要紧抓不放，发现一起，查处一起。对媒体披露和网络反映的典型问题，速查速办，回应社会关切。

特此通告。

中共×××市纪委

2014 年 5 月 3 日

问题分析

通告，适用于在一定范围内公布应当遵守或者周知的事项。

通报，适用于表彰先进、批评错误、传达重要精神和告知重要情况。

两者之间的相同点是均具有知照作用。

两者之间的不同点是，通告是让单位、社会知晓某事，具有一定法规性和约束性，而通报只是表扬或批评某事某人，以达到总结经验或引以为戒的目的。通告要求受文单位去执行，要求的是行动，而通报要求受文单位了解重要情况或典型事件，要求的是知晓。

案例中，市纪委行文的目的是要让各地、各单位了解这些被查处的作风建设中的典型事件，让大家引以为戒。所以应用“通报”，用“通告”是错误的。

正确写法

改标题为《×××市纪委关于作风建设典型问题的通报》。

48. “通知”与“通报”的混淆

案例

×××省教育厅关于表彰农村优秀教师的通知

各市、县教育局：

近年来，全省广大农村教师和农村教育工作者深入贯彻落实科学发展观，认真贯彻实施国家与我省中长期教育改革和发展规划纲要，扎根基层，无私奉献，努力办让人民满意的教育，涌现出一大批先进个人。为了在全社会弘扬尊师重教的良好风尚，激励“优者从教”，保障“教者从优”，建设高素质农村教师队伍和农村教育工作者队伍，加快推进教育强省建设步伐，决定对70名农村优秀教师进行表彰。现将具体名单通知如下：

…………

特此通知。

×××省教育厅

2014年8月28日

问题分析

通知，适用于发布、传达要求下级机关执行和有关单位周知或者执行的事项，批转、转发公文。“通知”适用范围很广，基本上所有的下行文都可以用“通知”，但使用过程中仍然要认真斟酌。

该案例中×××省教育厅行文的目的是对农村优秀教师进行表彰，而“通报”是专门用来表彰的文种，所以此处用“通报”更为恰当。

正确写法

×××省教育厅关于表彰农村优秀教师的通报

各市、县教育局：

近年来，全省广大农村教师和农村教育工作者深入贯彻落实科学发展观，认真贯彻实施国家与我省中长期教育改革和发展规划纲要，扎根基层，无私奉献，努力办让人民满意的教育，涌现出一大批先进个人。为了在全社会弘扬尊师重教的良好风尚，激励“优者从教”，保障“教者从优”，建设高素质农村教师队伍和农村教育工作者队伍，加快推进教育强省建设步伐，决定对70名农村优秀教师进行表彰。具体名单如下：

…………

希望受表彰的同志珍惜荣誉，戒骄戒躁，为我省农村教育事业发展再立新功。全省广大教师和教育工作者要以他们为榜样，忠于人民的教育事业，教书育人，严谨治学，开拓创新，为加快建设教育强省，服务我省科学发展、跨越式发展作出新的更大贡献。

特此通报。

×××省教育厅

2014年8月28日

相关链接

（1）“通报”与“通知”均有知照作用，行文方向相同。但“通报”是为了表彰先进和批评错误，“通知”是传达要求下级单位周知或者执行的事项。“通知”可以任免人员、批转下级机关的公文，“通报”则不能。

（2）撰写“通知”应注意一文一事。即每份通知只能说明一件事情，布置一项工作，达到一个目的，以便让受文对象立刻明白，快速执行。

49. “请示”与“报告”的混淆

案例

省×××馆关于电脑等固定资产报废处理的报告

省××厅：

我馆现需报废处理固定资产一批，账面原值178 453.4元，其中：

1. 处理电子产品一批，账面原值为119 457元；

2. 处理空调5台（账面登记有20台，原值为零）；

3. 处理以前年度办公家具一批，账面原值58 996.4元（处理清单见附件）。现申请省××厅予以批复，特此报告。

妥否，请批示。

省×××馆

××××年×月×日

问题分析

省×××馆提出的是请省××厅批示的事项，应该选择“请示”这一文种，用“报告”是错误的。

正确写法

省×××馆关于电脑等固定资产报废处理的请示

省××厅：

我馆现需报废处理固定资产一批，账面原值178 453.4元，其中：

1. 处理电子产品一批，账面原值为119 457元；

2. 处理空调5台（账面登记有20台，原值为零）；

3. 处理以前年度办公家具一批，账面原值58 996.4元（处理清单见附件）。

妥否，请批示。

省×××馆

××××年×月×日

相关链接

“请示”与“报告”的区别如下。

（1）职权范围不同。如果所写情况属发文机关职权范围之内，则用“报告”。如果所写情况超出发文机关的权限，须经主管上级批准后才能实施的，则需用“请示”。

（2）上级处置方式不同。对于“报告”，上级机关一般不专门行文作答复。而对于“请示”，上级机关必须作出答复。

（3）行文目的不同。撰写“请示”一般是为了解决某一问题或者为得到上级机关的帮助，而“报告”则没有这个目的；另外“请示”只能一件事情一个请示，而“报告”中可以报告多个事情。

（4）行文时间不同。“请示”必须用于实施工作之前，而“报告”在事前、事情进行过程中和事后均可行文。

50. “意见”使用的错误

案例

某市政府向省政府呈送了一份文件，题为《×××市政府关于土地划转建议方案的请示》，省政府收到“请示”后将该“请示”批转给省财政厅，请省财政厅提出意见，供省领导决策参考。省财政厅从业务的角度提出了意见，并向省政府呈文回复，文件主要内容如下：

省财政厅关于×××市土地划转建议方案的意见

省政府：

转来《×××市政府关于土地划转建议方案的请示》收悉，现将有关意见报告如下：

一、…………

二、…………

三、…………

××省财政厅

××××年×月×日

问题分析

×××市政府向省政府呈文请示，省政府将“请示”批转到省财政厅，因而实际上省财政厅向省政府呈文的目的是落实省政府的批示。虽然省政府让省财政厅提意见，但是所提“意见”应该以“报告”的形式呈文报送。

正确写法

将文种由“意见”改为“报告”，如下所示：

省财政厅关于×××市土地划转建议方案的报告

省政府：

转来《×××市政府关于土地划转建议方案的请示》收悉，现将有关意见报告如下：

一、…………

二、…………

三、…………

××省财政厅

××××年×月×日

相关链接

《党政机关公文处理工作条例》规定："意见。适用于对重要问题提出见解和处理办法。"意见主要是用于上级单位就某项重要工作对下级单位提出贯彻落实的指示。如：《国务院办公厅关于实施公路安全生命防护工程的意见》、《省政府关于加快小煤矿关闭退出工作的意见》。另外，在上行文、平行文中也可以使用"意见"，但不常用。

第六章 公文标题中的错误

俗话说“看文先看题”“题好一半文”。

公文的标题是公文的“眼睛”，是对公文内容的摄要，公文标题的规范与否直接影响到公文的效力。

一般情况下，公文的标题由发文机关、事由、文种三部分构成。

在公文写作实践中，既要遵循这个规范，又要根据实际灵活运行，做到准确、简要，灵活而又不失规范。

51. 标题要素不全

案例

案例 1

通知

各直属部门：

按照国务院规定，今年“五一”放假时间为 5 月 1 日至 5 月 3 日，请大家按照放假时间做好工作调整和安排，并做好节日期间的生产和值班工作。

特此通知。

××省××厅

××××年 4 月×日

案例 2

关于做好 2014 年元旦春节期间安全生产工作的通知

各街道办事处、区政府各部门、各有关单位：

为切实加强2014年元旦、春节期间安全生产工作，有效防范和坚决遏制重大事故的发生，确保元旦、春节期间全区安全稳定。根据市委、市政府的工作部署，现将我区做好元旦、春节期间的安全生产工作通知如下：

一、建立党委统一领导的联合执法机制。

…………

二、实行安全生产包村（社区）负责制度。

…………

三、认真开展节日期间安全生产大检查。

…………

四、健全安全生产事故应急预案。

…………

五、要严格执行事故信息报告制度。

…………

特此通知。

××市×区政府

2013年12月×日

案例3

第三届全省高校辅导员职业能力大赛复赛决赛实施方案

各省属高校：

现将《第三届全省高校辅导员职业能力大赛复赛决赛实施方案》印发你们，请认真组织实施。

××省教育厅

××××年×月×日

问题分析

这三篇公文的标题存在的问题是要素不全。一般来说，公文的标题包括发文单位、事由、文种三个要素。

例文一的标题，缺少发文单位和事由。

例文二的标题，缺少发文单位。

例文三的标题，缺少发文单位和文种。

正确写法

例文一的标题，应加上发文单位和事由，即为：

××省××厅关于五一放假时间的通知

例文二的标题，应加上发文单位，即为：

×××局关于做好 2014 年元旦春节期间安全生产工作的通知

例文三的标题，应加上发文单位和文种，即为：

××省教育厅关于印发第三届全省高校辅导员职业能力大赛复赛决赛实施方案的通知

相关链接

（1）发文单位的简化问题。

如果发文单位的名称很长，或是几个单位联合发文，则标题中的发文单位可以省去，将发文单位在版头和印章上体现出来。

如：以下是国家 14 部委联合印发的通知，由于发文单位过多，可以把标题中的发文单位省去。

<table>
<tr><td>国家发展和改革委员会</td><td rowspan="14">文件</td></tr>
<tr><td>工业和信息化部</td></tr>
<tr><td>公安部</td></tr>
<tr><td>监察部</td></tr>
<tr><td>民政部</td></tr>
<tr><td>财政部</td></tr>
<tr><td>国土资源部</td></tr>
<tr><td>环境保护部</td></tr>
<tr><td>住房和城乡建设部</td></tr>
<tr><td>交通运输部</td></tr>
<tr><td>审计署</td></tr>
<tr><td>国家质量监督检验检疫总局</td></tr>
<tr><td>国务院纠正行业不正之风办公室</td></tr>
<tr><td>国家预防腐败局</td></tr>
</table>

关于开展治理和规范涉企收费工作的通知

发改价检〔2010〕794号

各省、自治区、直辖市及计划单列市、副省级省会城市、新疆生产建设兵团发展改革委、物价局、深圳市市场监督管理局、工业和信息化主管部门、公安厅（局）、监察厅（局）、民政厅、财政厅、国土资源部、环保局、住房城乡建设厅（委、局）、交通运输厅、审计厅、检验检疫局、质量技术监督局、纠风办：

…………

又如网上热议的，据说是全国名字最长的部门“湖北省推进武汉城市圈全国资源节约型和环境友好型社会建设综合配套改革试验区建设领导小组办公室”，这个部门发文时，可以把发文单位省去。

（2）标题要素的特殊情况。

前面提到，一般来说公文的标题包括发文单位、事由、文种三个要素。但有以下几种特殊情况：

“命令”的标题由发令机关（或领导人职务名称）＋文种构成，标题下是令号。

如：

中华人民共和国主席令

第5号

“公报”的标题有时也可以由“发布机关＋公报”、“事由＋公报”组成。

如新闻公报的标题：

中国与中东欧国家领导人会晤新闻公报

又如会议公报。在标题的正下方写明会议通过的时间及名称，用小括号注明。

中国共产党第十八届中央委员会
第一次全体会议公报

（2012年11月15日中国共产党第十八届中央委员会第一次全体会议通过）

“议案”的标题有时可以省去发文单位。

如任免议案：

关于提请决定任命×××等同志职务的议案

×××市人民代表大会常务委员会：

根据《中华人民共和国地方各级人民代表大会和地方各级人民政府组织法》第五十七条规定，提请决定任命：

×××同志任市教育局局长；

×××同志任市卫生局局长。

×××市人民政府

2014年10月12日

“纪要”的标题，由会议名称＋文种组成。如：《×××区人民政府常务会议纪要》。

52. 该简化的不简化

案例

×××市社会治安综合治理委员会办公室关于
开展2013年综治巡查工作的通知

问题分析

公文标题中的发文单位，一般情况下（下行文、同一区域内的平行文和上行文）应该用规范化简称，不用全称。

正确写法

例文可以修改为《市综治办关于开展2013年综治巡查工作的通知》。

53. 发文事由不清

案例

×××市政府办公室关于有关事项的通知

问题分析

案例中的错误是标题中的发文事由表述模糊。

正确写法

所谓发文事由就是写这篇公文的原因，也就是说为什么要印发这篇公文。对发文事由的表述，应该简明扼要、清楚明了。案例中的标题可改为：

×××市政府办公室关于做好年终
考核有关事项的通知

54. 文种使用不当

案例

案例 1

×××省教育厅关于 2014 年全省基础教育教学成果奖获奖名单的公示

案例 2

×××省教育厅办公室关于不法分子假冒我厅和厅办名义推销书刊的声明

案例 3

×××省科技学院关于公开招聘教师的启事

问题分析

以上三个例文中，分别使用的“公示”、“声明”、“启事”，均不是2012年4月16日中共中央办公厅、国务院办公厅印发的《党政机关公文处理工作条例》中规定的文种。

正确写法

《党政机关公文处理工作条例》规定：“通知。适用于发布、传达要求下级机关执行和有关单位周知或者执行的事项，批转、转发公文。”根据案例中的发文事由，以上三个案例均可以用“通知”这个文种。即：

案例1

×××省教育厅关于2014年全省基础教育教学成果奖获奖名单的通知

案例2

×××省教育厅办公室关于不法分子假冒我厅和厅办名义推销书刊的通知

案例3

×××省科技学院关于公开招聘教师的通知

55. 标题中滥用标点符号

案例

案例 1

中共×××省委高校工委 ×××省教育厅关于组织开展
“第一届全省高校辅导员年度人物”暨
“第六届全国高校辅导员年度人物”
评选活动的通知

案例 2

×××省教育厅关于印发《在校学生走进
博物馆（纪念馆）五年行动计划
（2014—2018 年）》的通知

问题分析

一般情况下，公文的标题中除了法律法规用书名标注以外，不使用任何标点符号。

如：

中共中央办公厅　国务院办公厅关于印发
《党政机关公文处理工作条例》的通知

其中的《党政机关公文处理工作条例》属于法规性文件，可以用书名号。

很显然，案例（1）、（2）中均没有引用法律法规，但都用了标点符号，尤其是案例（2）用了三种标点符号，这种写法是错误的。

正确写法

案例1

中共×××省委高校工委 ×××省教育厅关于组织开展
第一届全省高校辅导员年度人物暨
第六届全国高校辅导员年度人物
评选活动的通知

或者省略发文单位（联合发文时，发文单位可以省略）：

关于开展第一届全省高校辅导员年度人物暨

第六届全国高校辅导员年度人物

评选活动的通知

案例 2

×××省教育厅关于印发在校学生走进博物馆

纪念馆五年行动计划的通知

56. 标题臃肿

案例

×××市人民政府关于印发《×××市贯彻
〈国务院关于促进信息消费扩大内需的若干意见〉
行动纲要（2014—2017年）》的通知

问题分析

案例中的主要问题是标题臃肿。造成臃肿原因是发文事由太长。

通过分析可以看出，该文件形成的过程是这样的：

首先国务院出台了意见，然后×××市政府制定了贯彻国务院文件的行动纲要，最后×××市政府以通知的形式将行动纲要印发。

其过程为：

国务院关于促进信息消费扩大内需的若干意见

↓

×××市贯彻《国务院关于促进信息消费扩大内需的若干意见》行动纲要（2014—2017 年）

↓

×××市人民政府关于印发《×××市贯彻〈国务院关于促进信息消费扩大内需的若干意见〉行动纲要（2014—2017 年）》的通知

正确写法

按照公文标题由“发文单位＋事由＋文种”组成的原则，该公文标题中发文单位是“×××市人民政府”，事由是“印发贯彻〈国务院关于促进信息消费扩大内需的若干意见〉行动纲要（2014—2017）”，文种是“通知”。

同时，根据公文标题简洁、明了的原则，发文事由可以表述为“印发贯彻国务院促进信息消费扩大内需若干意见行动纲要”。至于行动纲要的时限“2014—

2017”，可以放在正文里面表述。

所以案例中的标题应改为：

×××市人民政府关于印发贯彻国务院

促进信息消费扩大内需若干意见

行动纲要的通知

57. 标题机械

案例

××市人民政府关于《××市人民政府关于印发〈××市开展对部分个人住房征收房产税试点的暂行办法〉的通知》继续有效的通知

各区、县人民政府，市政府各委、办、局：

《××市人民政府关于印发〈××市开展对部分个人住房征收房产税试点的暂行办法〉的通知》（××发〔2011〕3号），经评估继续有效，请按照执行。

××市人民政府

2012年12月26日

问题分析

该篇公文的标题很长、标点符号很多，而且有多处重复的表述。如：“××市人民政府”出现了两次，“的通知”出现了两次，“××市”出现了三次。

通过分析可以看出，该公文标题的三要素分别为：

发文单位：××市人民政府。

发文事由：《××市人民政府关于印发〈××市开展对部分个人住房征收房产税试点的暂行办法〉的通知》继续有效。

文种：通知。

该公文的写作者将这三要素组合在一起就成了案例中这样一个标题。

之所以出现这种错误，是因为写作者对公文标题的拟写过于机械。

正确写法

一般情况下，公文标题由“发文单位＋事由＋文种”三部分组成，基本公式是：“发文单位＋关于＋事由＋的＋文种”，但对这一公式的运用要灵活而不要机械。

该公文写作者的“机械”主要表现在对发文事由的表述上。前面已经讲过，所谓发文事由就是印发这篇公文的原因。那么只要把原因说清楚即可，而不需要机械地照搬引用原文。

所以该公文的发文事由可以改为：对部分个人住房征收房产税试点暂行办法继续有效。

因此整个标题可改为：

江城市人民政府关于对部分个人住房征收房产税

试点暂行办法继续有效的通知

58. 标题和正文不分

案例

×××省教育厅关于在×××省教育厅网站
公布2014年具有普通高等学历教育
和中等专业学历教育招生资格院校
名单及相关信息的通知

各高等院校、普通中等专业学校：

为了进一步加强对全省普通高等学历教育和普通中等专业学历教育的宏观管理，确保学历教育必要的资格、质量和正常的办学秩序，逐步完善社会监督机制，防止乱办学、乱招生、随意许诺颁发文凭等现象发生，切实维护广大考生和家长的合法权益，省教育厅将继续在厅门户网站向社会公布2014年具有高等学历教育和普通中等专业学历教育招生资格院校名单及相关信息，现将有关事项通知如下：

一、公布内容

2014年×××省具有普通高等学历教育和中等专业学历教育招生资格院校名单、基本办学信息、招生专业目录、专业介绍、就业方向及院校招生宣传信息。

二、公布形式

（一）×××省教育厅网站、×××省教育网、×××省教育发展规划网。

（二）印制《2014年×××省具有普通高等学历教育招生资格院校名录》和《2014年×××省具有普通中等专业学历教育招生资格学校名录》，以班级为单位按比例向我省2014年高中及初中毕业生免费赠送，方便广大考生查询使用。

三、工作安排

（一）4月中旬，完成各类信息的整理、校对工作；4月底前，完成各院校资料的核对、补充工作。

（二）5月中旬，省教育厅网站向社会公布2014年×××省具有高等学历教育和普通中等专业学历教育招生资格院校名单及招生专业介绍信息；5月下旬，完成《2014年×××省具有高等学历教育招生资格院校名录》和《2014年×××省具有普通中等专业学历教育招生资格学校名录》的赠送工作。

四、工作要求

（一）各院校提供的信息内容必须真实、准确。外省院校需要提供本省（自治区、直辖市）省级教育行政主管部门招生宣传审批证明。

（二）各院校要根据工作要求，于2014年4月30日前登陆×××省教育厅网，进入“招生院校信息采集”系统，按照使用说明完成信息报送工作，过期不予受理。

五、联系方式

信息公布工作由省教育厅发展规划处和信息中心共同负责。如有疑问，请与以下工作人员联系：

联系人：×××

联系电话：×××

×××省教育厅

2014年3月25日

问题分析

其实这个错误，在第 57 个错误的案例中也同样存在，就是把本该放到正文里面表述的内容放在了标题里面。

要知道标题是对正文内容的高度概括。如果把本该在正文里面表述的内容都写在了标题里面，那么还要正文干什么呢？

正确写法

案例标题中的“在×××省教育厅网站公布”、“2014 年”、“及相关信息”这些内容可以在正文里面进行详细表述，而且正文里面已经进行了详细表述，所以可以把这些内容从标题里面删掉。即：

×××省教育厅关于具有普通高等学历教育和中等专业学历教育招生资格院校名单的通知

59. 转发性文件的标题容易出现的错误

案例

中宣部下发了一个文件，即《中共中央宣传部关于开展向雷锋同志学习活动的决定》。各地省委宣传部收到这个文件后，为了向所辖地市和省直部门传达文件精神，引起各地、各部门的高度重视，对中宣部文件进行了全文转发，标题为《中共××省委宣传部关于转发〈中共中央宣传部关于开展向雷锋同志学习活动的决定〉的通知》。各地市委宣传部收到省委宣传部转发的文件后，为了更好地贯彻、更加深入地推进这项工作，随即将省委宣传部的文件转发到了各县（市区）和直属部门，标题为《中共××市委宣传部关于转发省委宣传部关于转发〈中共中央宣传部关于开展向雷锋同志学习活动的决定〉的通知的通知》。

中央、省、地市三级单位的发文，可以用这个图来表示：

中共中央宣传部关于开展向雷锋同志学习活动的决定

↓

中共××省委宣传部关于转发《中共中央宣传部关于开展向雷锋同志学习活动的决定》的通知

↓

中共××市委宣传部关于转发省委宣传部关于转发《中共中央宣传部关于开展向雷锋同志学习活动的决定》的通知的通知

问题分析

案例中反映的是转发文件时经常容易出现的问题，即将上级文件的标题原文照抄，结果出现“关于……‘关于’……”和“的通知的通知”现象。

正确写法

根据前面讲到的拟写公文标题既要规范又要灵活的原则，省委宣传部的文件标题应该为：

中共××省委宣传部关于转发中宣部开展向雷锋同志学习活动决定的通知

市委宣传部的文件标题应该为：

中共××市委宣传部关于转发省委宣传部开展向雷锋同志学习活动的通知

相关链接

从程序来讲，市委宣传部转发的是省委宣传部的文件，而不是中宣部的文件。所以市委宣传部的文件标题里面不需要再提到中宣部。

60. 标题引用的错误

案例

以下是公文写作者在写作中引用标题时经常会出现的三种错误。

案例 1

为认真贯彻落实党的十八大和十八届三中全会精神，根据中共中央《关于全面深化改革若干重大问题的决定》部署，紧密结合我省实际，提出如下意见。

案例 2

转来的省教育厅《关于省教育学院土地划转建议方案的请示》收悉，经研究，现将有关意见回复如下：

案例3

我局将严格按照江财行发〔2014〕12号文件精神，依法依规办理资产划转手续。

问题分析

前面反复提到，公文的标题一般包括发文单位、事由、文种三个部分，那么在引用标题的时候也要完整地包括这三个部分，也就是说书名号里面的内容要包括这三个部分，否则所引用的就不是一个完整的标题。

案例（1）、（2）中将发文单位“中共中央”、“省教育厅”放在了书名号外面，案例（3）中引用的是发文字号，这些做法都是不规范的。

正确写法

引用完整的标题，或者在发文单位和书名号之间加上“印发的”、“下发的”、“出台的”等定语。

案例（1）应该改为：

为认真贯彻落实党的十八大和十八届三中全会精神，根据《中共中央关于全面深化改革若干重大问题的决定》部署，紧密结合我省实际，提出如下意见。

或者：

为认真贯彻落实党的十八大和十八届三中全会精神，根据中共中央印发的《关于全面深化改革若干重大问题的决定》部署，紧密结合我省实际，提出如下意见。

案例（2）应该改为：

转来的《省教育厅关于省教育学院土地划转建议方案的请示》收悉，经研究，现将有关意见回复如下：

或者：

转来的省教育厅报送的《关于省教育学院土地划转建议方案的请示》收悉，经研究，现将有关意见回复如下：

案例（3）：如果前面的内容里面提到过该文件，写出过该文件的全部标题和发文字号，则后面可以只写该文件的发文字号。如果前面没有提到过该文件，则不能只写发文字号，应该把公文的标题全部写出来。

第七章 正文写作中的错误

正文是公文的核心，是表述公文具体内容的部分，一般由导语、正文主体和结束语三部分组成。

南朝梁刘勰在《文心雕龙·议对》中说："文以辨洁为能，不以繁缛为巧；事以明核为美，不以深隐为奇。"意思是说，文章以说理明晰、行文简洁为高，不以冗长繁复为巧；所阐述的道理或列举的事实以明白准确为要，不以艰深隐晦、难于理解为奇。

这也正是公文正文写作的基本方法，即通过叙述、说理，简洁、明了、准确地表明行文目的。

61. 叙述内容主次不分

案例

某单位组织举办了一个名为“追梦——邓丽君特展”的展览，效果很好。于是向省委呈送了一份情况报告。全文如下：

×××厅关于邓丽君特展有关情况的报告

省委办公厅：

3月28日，由我厅联合财团法人邓丽君文教基金会、台湾联合报系主办的“追梦——邓丽君特展”开幕。省委副秘书长、省政府台湾事务办公室主任×××，省×××厅副巡视员×××等，众多邓丽君歌迷以及音乐专业人士，×××卫视等数十家媒体记者出席了开幕式。邓丽君文教基金会执行长×××、台湾《联合报》活动部运营长×××等台湾嘉宾出席开幕式并致辞。

邓丽君是亚洲地区和全球华人社会中最具影响力的歌唱家之一，她对华语乐坛尤其是大陆流行乐坛的启蒙与发展产生深远影响，成为华语流行乐坛一个永恒的文化符号。邓丽君演绎了众多广为传唱的经典名曲，歌声传遍整个华人世界，赢得了“有中国人的地方，就有邓丽君的歌声”的赞誉。

本次展览以邓丽君一生没有实现的“读书”、“结婚”和“来大陆演出”这三个梦想为主线，展示了邓丽君生前使用过的服装、首饰、生活用品、所获得的奖状奖杯等160余件实物。走进展厅，观众便徜徉在《何日君再来》、《我只在乎你》等动人的经典歌声中，光影效果打造的万只蝴蝶齐飞，带观众走进梦境。特别值得一提的是，展览中采用了3D浮空投影技术，逼真再现了邓丽君演唱的风采，实现了观众与邓丽君进行跨越时空的交流，弥补了邓丽君生前未能来大陆开演唱会的遗憾。展览将持续到6月1日。

此次展览也是贯彻落实去年5月省领导访问台湾

省，提出“形成全方位、多层次、宽领域的大交流格局”的重要项目。展览筹备期间，省×××厅积极协调，组织相关单位积极筹备、精心布展，希望借此次展览，搭建两岸沟通的桥梁，进一步促进两岸文化交流合作、融洽两岸同胞情谊。

特此报告。

××省×××厅

××××年×年×日

问题分析

从整体来看，案例中存在的问题是“主次不分，偏离主题”。

很显然，该单位向省委办公厅呈送这篇报告的目的是要汇报对领导商定事项的落实情况。

既然是向省领导汇报，那么就要汇报省领导关注的重点。

因此正文的内容应该重点介绍“追梦——邓丽君特展”这项活动的出发点、效果和意义。

但是案例中的正文用了大量的文字来介绍邓丽君

本人（邓丽君本来就已经家喻户晓）以及展览本身，而且把这些内容放在了正文的前面部分。

这种写法是错误的。因为这样写既不能反映工作的成绩，又不能得到领导的肯定。

正确写法

从省领导关注的角度出发，突出正文的主题。即：

×××厅关于邓丽君特展有关情况的报告

省委办公厅：

3月28日，我厅联合财团法人邓丽君文教基金会、台湾联合报系主办的“追梦——邓丽君特展”，在博物馆开幕。邓丽君文教基金会执行长×××、台湾《联合报》活动部运营长×××等台湾嘉宾出席开幕式并致辞。省委副秘书长、省政府台湾事务办公室主任×××，省×××厅副巡视员×××等与群众一起出席开幕式。

此次展览是贯彻落实去年5月省领导率团访问台湾省，开展“两岸情——宝岛文化交流之旅”提出的“形成全方位、多层次、宽领域的大交流格局”的重要项目。在省领导访台期间，随团访问的我厅领导与台湾联合报系商定将“追梦——邓丽君特展”作为今年重要文化交流项目引进。展览筹备期间，我厅积极协调，精心布展，希望借此次展览搭建两岸沟通的桥梁，进一步促进两岸文化交流合作、融洽两岸同胞情谊。

展览以邓丽君一生没有实现的“读书”、“结婚”和“来大陆演出”这三个梦想为主线，展示了邓丽君使用过的生活用品、所获得的奖状奖杯等 160 余件实物。展览采用了 3D 浮空投影技术，逼真再现了邓丽君演唱的风采，观众走进展厅便徜徉在《何日君再来》、《我只在乎你》等动人的经典歌声中。光影效果打造的万只蝴蝶齐飞，带观众走进梦境。展览将持续到 6 月 1 日。

特此报告。

××省×××厅

××××年×月×日

62. 介绍来宾客主不分

案例

错误 61 案例中正文的第一段：

3 月 28 日，由我厅联合财团法人邓丽君文教基金会、台湾联合报系主办的“追梦——邓丽君特展”开幕。省委副秘书长、省政府台湾事务办公室主任×××，省×××厅副巡视员×××等，众多邓丽君歌迷以及音乐专业人士，×××卫视等数十家媒体记者出席了开幕式。邓丽君文教基金会执行长×××、台湾《联合报》活动部运营长×××等台湾嘉宾出席开幕式并致辞。

问题分析

这段文字是正文的导语，存在的问题是“客主不分”。

公文写作也要讲究传统礼仪，在排序时客人在前主人在后。

案例中的这项活动，是大陆和台湾的一次文化交流，更应该讲究中国传统礼仪。

在活动中，我方是举办方，是主人。台湾嘉宾是被邀请方，是客人。所以按照中国传统礼仪，在介绍出席活动的嘉宾时应该把台湾嘉宾放在前面。

案例中将“省委副秘书长、省政府台湾事务办公室主任×××，省×××厅副巡视员×××”放在前面，“邓丽君文教基金会执行长×××、台湾《联合报》活动部运营长×××等台湾嘉宾”放在后面的写法是错误的。

正确写法

3月28日，我厅联合财团法人邓丽君文教基金会、台湾联合报系主办的“追梦——邓丽君特展”，在博物馆开幕。邓丽君文教基金会执行长×××、台湾《联合报》活动部运营长×××等台湾嘉宾出席开幕式并致辞。省委副秘书长、省政府台湾事务办公室主任×××，省×××厅副巡视员×××等与群众一起出席开幕式。

63. 表达意见依据不足

案例

某市政府向省政府呈报了一份《关于请求将饶氏墓迁移实施异地保护的请示》，省政府将此文批转给×××厅提出意见。×××厅进行了认真调查研究，及时向省政府报告了相关意见。全文如下：

×××厅关于饶氏墓异地保护有关意见的报告

省政府办公厅：

省政府办公厅批转的《×××市人民政府关于请求将饶氏墓迁移实施异地保护的请示》收悉。经研究，现将有关意见报告如下：

一、×××市政府文件提到“制定了异地保护方案”。饶氏墓为县级文物保护单位。《中华人民共和国文物保护法》规定，对文物保护单位实施迁移异地保护，必须遵守不改变文物原状的原则，并报省政府批准。《省实施〈中华人民共和国文物保护法〉办法》规定，文物保护单位的修缮、迁移、重建，应当由取得文物保护资质证书的单位承担勘察设计、施工、监理。今年2月底，×××市文物局向我厅请示饶氏墓异地保护事宜。经我厅初审，所报文物异地保护方案缺乏关于文物本体迁移、安置的实质性内容，也不是由具有文物保护资质的单位设计。3月上旬，我厅将初审结果告知×××市文物局，要求补充合格的文物异地保护方案，目前，该局尚未按要求完善保护方案。

二、×××市政府文件提到“县政府已与饶氏家族后裔签订了墓异地保护协议书”。3月25日，省信访局发来关于饶氏古墓保护问题的信访事项转送单。3月26日，我厅也接待了三名上访的饶氏族人，他们反映饶氏墓异地保护协议书是伪造的。

我厅认为，暂不宜批复饶氏墓异地保护事宜。

特此报告。

×××厅

××××年×月×日

问题分析

单从案例中所表达的内容来看；

该厅向省政府给出了否定的意见，即“暂不宜批复”。

依据有两个方面：一是保护方案不完善，不是由具有文物保护资质的单位设计；二是市政府说签订了保护协议，上访群众说保护协议是伪造的。

第一个依据是客观的事实。第二个依据只反映出市政府与上访群众的说法不一致，到底哪一方是真实的，没有核实。这虽然是在摆事实，但叙述至此戛然而止，于是该厅就在这两个依据的基础上发表了否定的意见。这种做法和公文的写法都是错误的。

正确写法

这篇公文的写作背景是：市政府向省政府呈送了《关于请求将饶氏墓迁移实施异地保护的请示》，省政府批转给相关职能部门对请示内容提出具体意见。作为职能部门，报告的内容是对省政府批示的落实情况，这应该是对事情进行充分调查核实后，立足本部门的工作职能提出的供省政府参考的意见。意见的提出要站位准确，尊重事实，实事求是地把事实摆出来，不能草率结论，不能用倾向性的语言，影响省政府决策，更不能代替省政府决策。因此应该改为：

×××厅关于饶氏墓异地保护有关意见的报告

省政府办公厅：

省政府办公厅批转的《×××市人民政府关于请求将饶氏墓迁移实施异地保护的请示》收悉。经研究，现将有关意见报告如下：

一、饶氏墓文物异地保护方案尚需完善。×××市政府文件提到“制定了异地保护方案”。饶氏墓为县级文物保护单位。《中华人民共和国文物保护法》第20条规定，对文物保护单位实施迁移异地保护，必须遵守不改变文物原状的原则，并报省政府批准。《省实施〈中华人民共和国文物保护法〉办法》第12条规定，文物保护单位的修缮、迁移、重建，应当由取得文物保护资质证书的单位承担勘察设计、施工、监理。今年2月底，×××市文物局向我厅请示饶氏墓异地保护事宜。经我厅初审，所报文物异地保护方案缺乏关于文物本体迁移、安置的实质性内容，也不是由具有文物保护资质的单位设计。3月上旬，我厅将初审结果告知×××市文物局，要求补充合格的文物异地保护方案。目前，×××市尚未按要求完善保护方案。

二、此事涉及的群众工作尚不到位。×××市政府文件提到“县政府已与饶氏家族后裔人员签订了饶氏墓异地保护协议书”。3月25日，省信访局发来关于饶氏古墓保护问题的信访事项转送单（〔2014〕×号），3月26日，我厅也接待了三名上访的饶氏族人，他们带来饶氏后裔112人联名反映情况书，称饶氏墓异地保护协议书是伪造的。因此，这其中可能需要地方政府进一步做好群众工作。

综上，我厅认为，在×××县没有妥善做好饶氏族人的有关工作且未制订符合文物保护原则的异地保护方案的情况下，暂不宜批复饶氏墓异地保护事宜。

特此报告。

××省×××厅

××××年×月×日

64. 叙述内容层次不清

案例

仍以错误 63 中的案例为例，其正文第二、第三段如下。

一、×××市政府文件提到“制定了异地保护方案”。饶氏墓为县级文物保护单位。《中华人民共和国文物保护法》规定，对文物保护单位实施迁移异地保护，必须遵守不改变文物原状的原则，并报省政府批准。《省实施〈中华人民共和国文物保护法〉办法》规定，文物保护单位的修缮、迁移、重建，应当由取得文物保护资质证书的单位承担勘察设计、施工、监理。今年 2 月底，×××市文物局向我厅请示饶氏墓异地保护事宜。经我厅初审，所报文物异地保护方案缺乏关于文物本体迁移、安置的实质性内容，也不是由具有文物保护资质的单位设计。3月上旬，我厅将初审结果告知×××市文物局，要求补充合格的文物异地保护方案，目前，该局尚未按要求完善保护方案。

二、×××市政府文件提到“县政府已与饶氏家族后裔人员签订了墓异地保护协议书”。3月25日，省信访局发来关于饶氏古墓保护问题的信访事项转送单。3月26日，我厅也接待了三名上访的饶氏族人，他们反映饶氏墓异地保护协议书是伪造的。

问题分析

该案例这两段中有两个序号“一”、“二”，这两个序号后面没有小标题，直接接了一段文字，这样写没有层次性，不便于阅读。

正确写法

既然用了“一”、“二”两个序号，说明写作者想要表达两层意思，那么就应该在每个序号后面有一个提纲挈领的、表达该段文字中心思想的小标题，这样能够更好地表达发文单位的意见，也更便于受文单位阅读。

修改稿如下：

一、饶氏墓文物异地保护方案尚需完善。×××市政府文件提到“制定了异地保护方案”。饶氏墓为县级文物保护单位。《中华人民共和国文物保护法》第20条规定，对文物保护单位实施迁移异地保护，必须遵守不改变文物原状的原则，并报省政府批准。《省实施〈中华人民共和国文物保护法〉办法》第12条规定，文物保护单位的修缮、迁移、重建，应当由取得文物保护资质证书的单位承担勘察设计、施工、监理。今年2月底，×××市文物局向我厅请示饶氏墓异地保护事宜。经我厅初审，所报文物异地保护方案缺乏关于文物本体迁移、安置的实质性内容，也不是由具有文物保护资质的单位设计。3月上旬，我厅将初审结果告知×××市文物局，要求补充合格的文物异地保护方案，目前，×××市尚未按要求完善保护方案。

二、此事涉及的群众工作尚不到位。×××市政府文件提到“县政府已与饶氏家族后裔人员签订了饶氏墓异地保护协议书”。3 月 25 日，省信访局发来关于饶氏古墓保护问题的信访事项转送单（〔2014〕×号），3 月 26 日，我厅也接待了三名上访的饶氏族人，他们带来饶氏后裔 112 人联名反映情况书，称饶氏墓异地保护协议书是伪造的。因此，这其中可能需要地方政府进一步做好群众工作。

修改后的正文，在每个序号后面加了一个小标题：

一、饶氏墓文物异地保护方案尚需完善。

二、此事涉及的群众工作尚不到位。

这两个小标题加上去以后就起到了提纲挈领、纲举目张的作用，它使全文要点清晰、层次分明，让读者一看就清楚地了解了文章的基本内容。

相关链接

一篇公文的正文在叙述或说理时通常要表达几层意思，把每层意思分为一个相对完整的意义段，给它们各加上一个简洁、醒目的标题，将每一段的中心概括出来，这种写作方法叫做小标题法。

拟写公文小标题的主要方法有五种，即：

(1) 围绕“做法”写。

(2) 围绕“问题”写。

(3) 围绕“成效”写。

(4) 围绕“经验”写。

(5) 围绕“做法+成效”写。

如下文《省××厅关于全省公共文化服务体系建设情况的报告》正文。

根据要求，现将近年来全省公共文化服务体系建设情况报告如下：

一、全省公共文化服务体系建设取得的成绩

近年来，在省委、省政府和省委宣传部的领导下，全省文化部门按照“重基层、保基本、优结构、求实效”的思路，着力推进公共文化服务体系建设，取得显著成绩。

(一) 覆盖城乡的公共文化服务网络逐步完善

1. 建成了一批标志性文化设施。省图书馆新馆、美术馆、大剧院、省博物馆综合馆等一批大型文化设施建成使用，提高了公共文化服务能力，提升了城市文化品位。

2. 基层公共文化设施条件有效改善。到2012年底，全省建成乡镇综合文化站 985 个，占综合文化站总数的 78%。有 100 个县级“两馆”纳入省级规划，占应建数的 75%；有 35 个市级“三馆”纳入国家规划，占应建数的 77%。今年全省计划下达“两馆”建设项目 20 个，争取下达“三馆”建设项目 6 个。一批市、县级场馆正在抓紧建设或筹建之中。

3. 流动服务设施配备取得突破性进展。为基层文化单位配备流动舞台车 99 台、流动电影放映车（放映船）119 台（艘）、流动图书车 21 台，缓解了基层单位送文化下乡转场难、搭台难、交通难的问题。

4. 社区文化活动中心（活动室）、公共电子阅览室建设扎实推进。投入资金 1.12 亿元，为 209 个社区文化中心和 1 739 个社区文化活动室配置了活动设备；投入资金 1 627 万元，补助 1 145 个乡镇（街道、社区）公共电子阅览室建设；将村文化室纳入村级组织办公活动场所统筹安排，加快了普及步伐。

目前，全省共有美术馆 7 个、博物馆 125 个、公共图书馆 109 个、文化（群艺）馆 115 个、文化站 1 263个、文化信息资源共享工程基层中心和服务点 40 000多个，基本形成了以省、市大型公共文化设施为骨干，以县、乡等基层公共文化设施为基础，以各类流动文化设施为补充，覆盖城乡的公共文化设施网络。文化部给予充分肯定，认为我省公共文化设施和服务网络建设工作“领导重视、措施得力、成效显著，形成了××经验”。

（二）公共文化服务能力和水平不断提升

1. 文艺精品创作成果丰硕。以举办或承办全省或全国性重大文化活动为契机，不断提升文艺创作水平，全省推出《×××××》、《××》、《××××》等一大批思想性、艺术性和观赏性俱佳的精神文化产品，在全省乃至全国产生广泛影响，受到群众欢迎。

2. 群众性文化活动广泛开展。大力发展特色群众文化活动，各地均形成了1～2个群众文化活动品牌。省文化厅围绕中心工作，每年组织举办一个主题群众文化活动，如：庆祝中国共产党成立90周年全省专业艺术院团优秀剧目展演月，“喜迎十八大争创新业绩”暨纪念延安文艺座谈会讲话发表70周年全省优秀剧目、优秀美术作品展演月等，内容丰富，群众参与面广。

3. “三馆一站”免费开放惠及民众。制定了“三馆一站”免费开放专项资金管理办法和绩效考评办法，深入推进免费开放，服务水平不断提高。2012 年，仅全省博物馆系统，共服务群众 1 600 万人次，产生良好社会效益。

4. 非物质文化遗产保护与利用成效显著。《××省非物质文化遗产条例》顺利出台，名录体系不断完善，生产性、整体性、抢救性保护全面推进。全省有 4 个项目列入人类非物质文化遗产代表作名录，105 个项目列入国家级非物质文化遗产名录，260 个项目列入省级非物质文化遗产名录。以非物质文化遗产为主要元素的文化活动，深受群众喜爱，并在对外文化交流等方面发挥了积极作用。

5. 送戏、送书活动受到广泛欢迎。充分发挥流动文化设施作用，持续开展送戏、送书活动，2012 年共送戏 15 000 多场，送书 80 多万册，直接服务群众 600 多万人次。

（三）公共文化服务体系建设的经验日益丰富

各地党委、政府和文化部门推进公共文化服务体系建设的实践和成绩，给我们提供了以下启示：

1. 政府主导是事业发展的关键。从全省来看，凡是当地党委、政府高度重视的，其公共文化服务体系建设必定成效显著。

2. 重大文化活动是事业发展的抓手。近年来，我们以举办或承办大型文化活动为抓手，先后承办了××××、××××，举办了××××、××××，形成了一年举办一个省级大型活动、一年承办一个国家级大型活动、一年申办一个国家级大型活动，滚动循环、常办常新的工作机制，在全国叫响了××品牌，并带动了文化基础设施建设，推出了一批文艺精品剧目和优秀文艺人才。

3. 改革创新是事业发展的动力。我们按照"政府扶持、转换机制、面向市场、增强活力"的要求，不断深化公益性文化事业机制改革，文化事业单位的管理水平和服务质量不断提高。省京剧院、美术馆、省博物馆先后成为国家级重点文化单位。

4. 以人民需求为导向是事业发展的前提。一是在服务内容上贴近群众的文化需求，推出一批老少皆宜、雅俗共赏的文化产品和服务项目。如：京剧名家名票演唱会、全省残疾人文化节等。二是在服务方式上，坚持方便群众，提供便捷服务。如：全省博物馆系统，积极倾听群众意见，及时调整服务内容，2012年举办了 50 多个临时性展览，更好地服务了群众。

5. 文化惠民是事业发展的目标。坚持以文化惠民为导向，深入开展“三馆一站”免费开放，实施“政府买单、群众看戏”和送文化下乡、进校园、进工地、进军营等文化惠民活动，并在文化遗产保护和利用等各个领域始终坚持改善民生的工作理念，收到良好效果。

二、全省公共文化服务体系建设存在的问题

尽管我们已经取得了很大的成绩，但离文化强省建设的要求，还有不小的差距。突出表现在以下方面：

（一）少数地方党委政府文化自觉意识不强

中央提出了建设“文化强国”的伟大号召，省委提出了建设“文化强省”的战略部署，将文化建设提到了空前的高度。但仍有少数地方政府“重经济、轻文化”，缺乏“文化自觉”、缺乏主导意识，没有按照科学发展观的要求将文化建设真正纳入“五位一体”总体布局，没有将公共文化服务体系建设作为政府基本职责牢牢抓在手里，没有将中央和省委关于推动文化发展的政策落到实处。许多基层政府没有将公共文化建设纳入当地经济社会发展规划和领导干部绩效考核。

（二）公共文化设施整体水平偏低

全省公共文化设施整体水平偏低，市、县两级尤显薄弱。目前，全省349个市、县级场馆中（图书馆109个、群艺馆115个、博物馆125个），达到国家相应建设标准的不到30%，大部设施比较陈旧，功能不全，难以发挥有效作用。大多数村、社区活动场所不能满足群众需求。××艺术职业学院、省群众艺术馆等省直单位的馆舍面积、设施条件、设备水平均落后于全国同等单位，亟待改善。

（三）文化事业经费投入总量不足

近几年，我省文化事业经费虽有大幅增长（2007年为8.4亿元，2012年为19.27亿元，年平均增长18.06%），但由于过去基数低，其在财政支出中的总量仍然较少，并且没有形成稳定的增长机制。如：全省共有专业院团99个，每年省财政安排送戏下乡补贴专项资金仅200万元，不少基层公益性文化单位人员经费没有纳入财政预算。“三馆一站”免费开放要求地方财政负担的50%的配套经费，各地落实情况不理想。乡镇综合文化站“以钱养事”转移支付经费和配套经费，在有些地方没有完全落实到位。

（四）公共文化人才队伍不强

一是领军人才不多。编剧、导演、作曲、表演、文物研究、考古、图书资料等专业领域的拔尖人才尤其缺乏。二是基层文化人才严重不足。在基层文化单位，有一定创作水平的编导人员、有一定专业素养的文艺辅导人员、有一定文体特长的基层骨干十分缺乏，乡镇综合文化站工作人员由于身份问题，人心不稳。三是用人机制不活、激励机制不全、评价体系不完善，缺乏一整套良好的用人管人机制。

（五）文化事业单位活力不够

近年来一直强调“管办分离”，但适应市场经济的文化宏观管理体制没有完全形成，将全部工作抓在手里的“大包大揽”和将全部工作推向市场的“放任自流”的“两个极端”行为仍然存在。对待文化事业和文化产业，哪些需要管、怎么管，仍然需要进一步地解放思想，不断地深入研究和探索。事业单位内部的劳动人事、收入分配和社会保障制度改革等，还需要进一步深化和创新。

三、推进全省公共文化服务体系建设的思路

面临当前文化发展的黄金机遇和存在的实际问题，

以创新的方式推动全省公共文化服务体系建设，我们将紧紧把握公益性、基本性、均等性、便利性的“四性原则”，着力抓好六个方面的工作。

（一）着力增强文化自觉

积极争取省委、省人大、省政府支持，不断完善公共文化政策法规体系，用政策强制规定政府在公共文化建设中的主导作用，激励社会力量支持、参与公共文化建设，锁定公共文化服务体系建设战略目标和重大工程。抓好省级公共文化服务示范县（市、区）创建工作。争取省委、省政府在对各级政府的考核中，进一步加重文化的分值。争取省委、省政府开展“文化先进县”评选活动，对各地文化建设的各项指标进行综合考评，以此为抓手推动文化工作的整体发展。

（二）着力加大资金投入

一方面，要进一步争取各级政府加大对公共文化服务体系建设的资金投入，提高文化预算基数，保障基层单位运行经费，增加精品创作、演出补贴、人才培养等专项资金，充分发挥政府的主导作用。另一方面，要积极争取出台有关文化融资、集资、捐助、赞助、基金等相关政策，引导更多的社会力量进入公共文化服务领域。

（三）着力加强设施建设

一是大力推进大型骨干文化设施建设。全力推进省博物馆三期扩建工程、省博物馆编钟馆改造工程，积极推进××艺术职业技术学院新校址建设，争取××省群众艺术馆新馆建设立项。二是借国家项目之力推动市级“三馆”建设。创造条件，争取更多的市级场馆纳入国家项目。三是实施县级“两馆”建设。用好“十二五”期间每年4 000万元的专项资金，着力改善县级“两馆”设施条件。四是加强社区文化设施建设。因地制宜，共建共享，努力实现每个社区有一个文化中心的目标。五是加强村文化设施建设。协调合作，整合资源，建设集文化、教育、体育、基层党建等于一体的综合性服务平台。六是加强流动文化设施建设。加大配送力度，推动服务整合，提高流动服务设施的利用效率。

（四）着力提高服务水平

一是充分发挥我省举办大型文化活动的品牌优势，通过举办或承办大型文化活动，带动文化的整体发展。二是加强公共文化服务数字化建设。大力推进文化信息资源共享工程、数字图书馆建设工程和公共电子阅览室建设工程，积极利用现代化手段开展公共文化服务，努力形成结构合理、发展均衡、网络健全的公共数字文化服务格局。三是广泛开展群众文化活动。既依托城市文化设施，广泛开展社区文化活动和广场文化活动，又经常性地组织区域内县、乡、村群众文化活动的示范性会演、展演等活动，形成点面结合、上下联动、促进群众文化活动体系化的长效机制。四是深入推进“三馆一站”免费开放。督促各地切实落实补助资金，推动免费开放水平不断提高。

（五）着力抓好人才队伍建设

一是要致力于培养文化领军人物，着力造就一批德艺双馨的高端人才。二是要切实充实基层文化部门的工作力量。按照要求配齐、配好乡镇综合文化站工作人员，不断提高乡镇综合文化站工作人员的政治待遇和生活待遇。三是要大力培养农村文化骨干。完善民间艺人激励机制，支持民间文化人才队伍发展壮大。四是要以实施文化名家资助计划、青年英才培养计划、公共文化服务人才提升计划为抓手，建立一套引进人才、留住人才、培养人才的用人机制，统筹推进各类文化人才队伍建设。

（六）着力深化文化事业单位机制改革

按照“增加投入、转换机制、增强活力、改善服务”的要求，强化公益属性，深化人事、收入分配、社会保障制度改革，建立健全公共文化服务绩效考核体系。探索将顾客至上、注重效率和激励竞争的企业精神和理念引入到文化事业单位之中，激发文化事业单位活力。完善公共文化产品和服务供给机制，推广政府购买、集中配送、连锁服务等新做法。

特此报告。

在这篇公文中，可以清楚地看到每一类小标题的写法、结构层次的序数以及各个层次之间的关系。

比如：围绕“做法”写的是“六个着力”，即着力增强文化自觉、着力加大资金投入、着力加强设施建设、着力提高服务水平、着力抓好人才队伍建设、着力深化文化事业单位机制改革。

围绕“问题”写的是：少数地方党委政府文化自觉意识不强、公共文化设施整体水平偏低、文化事业经费投入总量不足、公共文化人才队伍不强、文化事业单位活力不够。

围绕“成效”写的是：覆盖城乡的公共文化服务网络逐步完善、公共文化服务能力和水平不断提升、公共文化服务体系建设的经验日益丰富。

围绕“经验”写的是：政府主导是事业发展的关键、重大文化活动是事业发展的抓手、改革创新是事业发展的动力、以人民需求为导向是事业发展的前提、文化惠民是事业发展的目标。

65. 一逗到底

案例

某单位开展一次交流活动，对活动涉及的场所向有关部门呈文报告，其正文中介绍“十三行博物馆”的一段文字如下：

十三行博物馆位于台北县八里乡淡水河海口交界处的南岸，面积约为 62 500 平方米，1957 年地质学者林朝棨在这里发现史前的炼铁遗迹，同时亦发现许多史前陶片、石支脚与凹石等，因而判断此处为史前遗址，并依据该地地名将它定名为十三行遗址，至于命名为“十三行遗址”是根据考古学习惯，史前遗址的命名多采用发现地的最小地名，而十三行遗址之所在地，台北县八里乡顶罟村的别名为“十三行庄”因而得名。

问题分析

从公文写作的各种要求来看，这段文字的表述存在很多问题。这里我们仅从标点符号的使用这一个方面来分析。

这段文字用了九个逗号、一个顿号、一个句号，从形式上看是一句话。这是典型的一逗到底的问题。

正确写法

早在 63 年前，我国著名语言学家吕叔湘先生，在《语法修辞讲话》一书中，就对标点符号的使用进行了论述，他说：

我们必须首先有一个认识：标点符号是文字里面的有机的部分，不是外面加上去的。它跟旧式的句读号不同，不仅仅是怕读者读不断，给它指点指点。每一个标点符号有一个独特的作用，说它们是另一形式的虚字，也不为过分。应该把它们和“和”、“的”、

“呢”、“吗”同样看待，用与不用，用在哪里，都值得斟酌一番。起腹稿的时候应该想到词语就同时想到标点；动笔写的时候，也是连文字带标点往纸上写。特别重要的是要有句子的观念。要想好这个句子到哪个字为止，然后动笔写第一个字，写完了用句号打住。（吕叔湘、朱德熙：《语法修辞讲话》，235页，北京，中国青年出版社，1952。）

根据标点符号的使用规则，案例中的表述可以改为：

十三行博物馆位于台北县八里乡淡水河海口交界处的南岸，面积约为62 500平方米。1957年地质学者林朝棨在这里发现史前的炼铁遗迹，同时亦发现许多史前陶片、石支脚与凹石等，因而判断此处为史前遗址。根据考古学习惯，史前遗址的命名多采用发现地的最小地名。该遗址所在地台北县八里乡顶罟村的别名为“十三行庄”，因而将遗址定名为“十三行遗址”，十三行博物馆就是以“十三行遗址”为依托建立的一座考古博物馆。

66. 序数层次不对

案例

在某公文写作范文网站上有一篇关于学校学年安全管理工作报告的范文，正文如下：

校园安全工作事关青少年学生的健康成长，事关每个学生、家庭的幸福。一年来，在学校管理过程中我们把安全工作放在各项工作的首位，牢牢树立“安全无小事，责任重于泰山”的理念，坚持预防为主、防治结合、加强教育、群防群治的原则，把师生的生命安全放在第一位，进一步完善和落实各项安全政策和措施，努力提高安全管理水平。通过安全教育，增强学生的安全意识和自我防护能力。通过齐抓共管，营造全校教职员工关心和支持学校安全工作的局面，从而切实保障师生安全和财产不受损失，维护学校正常的教育教学秩序。

一、领导重视，措施有力

为进一步做好安全教育工作，切实加强对安全教育工作的领导，学校把安全工作列入重要议事日程，学校校长直接抓，各班主任具体分工负责组织实施。

×校长负责学校全面安全工作，×书记负责教职工和学生安全教育工作，×校长负责教学安全工作。德育主任具体负责班主任、学生的安全检察工作，师生安全演练及各种大型活动等。教务主任具体负责教职工教学安全教育工作，总务主任具体负责学校各项设施和后勤保障工作，电教主任具体负责电教设备安全工作。

校内人员及设施安全检查分工：

德育×主任负责检查学生上学、放学、课间、两操、体育活动等。

德育×副主任负责检查校园暴力、校园周边环境等。

教务×主任负责检查课堂教学、各实验室等。

电教×主任负责检查各种多功能教室等。

总务×主任负责检查食堂卫生安全等。

总务×副主任负责检查学校防火、防盗、用水及各种设备安全等。

校医×医生负责各种疾病预防及教学卫生安全等。

二、制度保证，措施到位

1. 建立安全保卫工作领导责任制和责任追究制。由学校党支部书记、校长负责，将安全保卫工作列入各有关处室的目标考核内容，并进行严格考核，严格执行责任追究制度，对造成重大安全事故的，要严肃追究有关领导及直接责任人的责任。

2. 签订责任书。学校与班主任层层签订责任书，明确各自的职责。将安全教育工作作为对教职员工考核的重要内容，实行一票否决制度。贯彻“谁主管，谁负责”的原则，做到职责明确，责任到人。

3. 不断完善学校安全保卫工作规章制度。建立学校安全保卫工作的各项规章制度，并根据安全保卫工作形势的发展，不断完善充实。建立健全定期检查和日常防范相结合的安全管理制度，以及学生管理、门卫值班、巡逻值班、防火防灾、食品卫生管理、防火安全管理、体育器材检查、健康体检等规章制度。严禁私自组织学生集体服用药品和保健品，严禁组织学生从事不符合国家有关规定的危险性工作，严禁教师个人利用假期（日）私自带学生外出，在校外开展的社会实践活动要坚持就近、徒步原则。对涉及学校安全保卫的各项工作，都要做到有章可循，违章必究，不留盲点，不出漏洞。

4. 建立学校安全意外事故处置预案制度。学校建立事故处置领导小组，制定了意外事故处置预案制度。

三、齐抓共管，群防群治

学校安全教育工作是一项社会性的系统工程，需要社会、学校、家庭的密切配合。我们积极与××街道、××派出所等部门通力合作，做好学校安全保卫工作，学校组织开展一系列道德、法制教育活动，取得了良好的教育效果。

1. 宣讲安全知识、普及安全常识。邀请了学校法制副校长、派出所指导员、消防大队领导讲解交通安全知识，用电、用气及安全逃生等知识，普及家用电器的正确使用操作方法。

2. 召开安全教育的主题班会。由德育处统一印发安全教育材料，包括安全知识、安全警报等。班主任进行宣讲，让学生进行讨论，以提高对安全工作的认识。学校还利用VCD光盘、黑板报、宣传栏等形式，全方位宣传安全工作。

3. 定期反馈各时段的学校安全工作，及时查找问题排除隐患。每个月末学校组织各部门对自己所辖的部门进行一次安全排查，反馈学校的主要安全工作记录，力求做到安全隐患及时排除、安全工作及早布置、安全措施及早落实、安全警钟长鸣。

4. 学生签订《学生安全工作承诺书》。主要内容有：

1. 不私自游泳，以防溺水事故；

2. 不进网吧、酒吧、歌舞厅等娱乐场所；

3. 不骑摩托车和驾驶其他机动车辆；

4. 不乘坐“三无车辆”；

5. 外出告知父母，不在外住宿；

6. 注意饮食卫生，以防传染病；

7. 注意用电安全，防火防盗；

8. 不惹是生非、不打架斗殴；

9. 不买“无证商贩”的食品。

5. 定期联系家长，齐抓共管，不断提高家长对安全工作的认识。暑假、五一和国庆长假，学校都致家长一封信，信中的一个重要内容是提醒家长注意对子女的安全教育，以保证子女在假期中的安全。

6. 认真做好预防流行病和常见病的工作。积极做好卫生知识宣传教育，让学生养成良好的个人卫生习惯，对校园定期进行消毒清洗，防止细菌滋生。对学生适时进行流行病的防疫，特别在今年流行荨麻疹，我们在州防疫站调集药品，及时防护，我校没有一个人感染此病，有效维护了学校的正常教学秩序。

四、加强教育，提高自我保护能力

要确保安全，根本在于提高安全意识、自我防范和自护自救能力，抓好安全教育，是学校安全工作的基础。我们以交通安全教育活动月为重点，经常性地对学生开展安全教育，特别是抓好交通、大型活动等的安全教育。

1. 认真做好交通安全教育月工作。学校安全教育以珍爱生命为主题，在安全教育月期间，学校组织学习安全教育工作文件，对校内易发事故类型、重点部位保护、工作薄弱环节、各类人员安全意识与安全技能等方面，开展深入全面的大检查，消除隐患，有针对性地扎实地开展教育和防范工作。

2. 开展丰富多彩的教育活动。利用班会队会活动、活动课、人防课、学科渗透等途径，通过讲解、演示和训练，对学生开展安全预防教育，使学生接受比较系统的防溺水、防交通事故、防触电、防食物中毒、防体育运动伤害、防火、防盗、防震、防骗、防煤气中毒等安全知识和技能教育。还利用学校广播、黑板报、横幅、标语等宣传工具及举行主题班会、讲座、安全征文与知识竞赛等形式开展丰富多彩的安全教育。学校积极推行一月安全提醒，利用周前会议和周一升旗活动时间，小结上周安全工作，强调安全事项。通过《加强节假日对子女监护》的公开信，增强家长的安全意识。通过教育提高广大学生的安全意识、安全防范能力和自我保护能力。

总之，今后我们将进一步重视安全保卫工作，及时解决安全保卫工作中发现的新问题，加强管理和防范，务求消除安全隐患。要充分认识安全工作的艰巨性、长期性，力戒形式主义，坚持下大力气、不懈努力，狠抓落实，尽快建立起安全工作的长效机制，不断提高我校安全工作水平。

问题分析

从标题序数层次上看，该篇公文用了两个层次：“一”和“1”。而且在第三部分、第四条中，又用了重复的序数层次。

如：

4. 学生签订《学生安全工作承诺书》。主要内容有：

1. 不私自游泳，以防溺水事故；

2. 不进网吧、酒吧、歌舞厅等娱乐场所；

3. 不骑摩托车和驾驶其他机动车辆；

4. 不乘坐“三无车辆”；

5. 外出告知父母，不在外住宿；

6. 注意饮食卫生，以防传染病；

7. 注意用电安全，防火防盗；

8. 不惹是生非、不打架斗殴；

9. 不买“无证商贩”的食品。

这种序数层次是错误的，它会让公文的内容看起来很混乱。

正确写法

公文正文中标题的序数层次为：第一层为“一、”，第二层为“(一)”，第三层为“1.”，第四层为“(1)”。即：一、（一）1.（1）依次使用，绝对不能颠倒和混淆。

按照以上标题序数层次的使用原则，该案例应改为：

校园安全工作事关青少年学生的健康成长，事关每个学生、家庭的幸福。一年来，在学校管理过程中我们把安全工作放在各项工作的首位，牢牢树立“安全无小事，责任重于泰山”的理念，坚持预防为主、防治结合、加强教育、群防群治的原则，把师生的生命安全放在第一位，进一步完善和落实各项安全政策和措施，努力提高安全管理水平。通过安全教育，增强学生的安全意识和自我防护能力。通过齐抓共管，营造全校教职员工关心和支持学校安全工作的局面，从而切实保障师生安全和财产不受损失，维护学校正常的教育教学秩序。

一、领导重视，措施有力

为进一步做好安全教育工作，切实加强对安全教育工作的领导，学校把安全工作列入重要议事日程，学校校长直接抓，各班主任具体分工负责组织实施。

×校长负责学校全面安全工作，×书记负责教职工和学生安全教育工作，×校长负责教学安全工作。德育主任具体负责班主任、学生的安全检察工作，师生安全演练及各种大型活动等。教务主任具体负责教职工教学安全教育工作，总务主任具体负责学校各项设施和后勤保障工作，电教主任具体负责电教设备安全工作。

校内人员及设施安全检查分工：

德育×主任负责检查学生上学、放学、课间、两操、体育活动等。

德育×副主任负责检查校园暴力、校园周边环境等。

教务×主任负责检查课堂教学、各实验室等。

电教×主任负责检查各种多功能教室等。

总务×主任负责检查食堂卫生安全等。

总务×副主任负责检查学校防火、防盗、用水及各种设备安全等。

校医×医生负责各种疾病预防及教学卫生安全等。

二、制度保证，措施到位

（一）建立安全保卫工作领导责任制和责任追究制。由学校党支部书记、校长负责，将安全保卫工作列入各有关处室的目标考核内容，并进行严格考核，严格执行责任追究制度，对造成重大安全事故的，要严肃追究有关领导及直接责任人的责任。

（二）签订责任书。学校与班主任层层签订责任书，明确各自的职责。将安全教育工作作为对教职员工考核的重要内容，实行一票否决制度。贯彻“谁主管，谁负责”的原则，做到职责明确，责任到人。

（三）不断完善学校安全保卫工作规章制度。建立学校安全保卫工作的各项规章制度，并根据安全保卫工作形势的发展，不断完善充实。建立健全定期检查和日常防范相结合的安全管理制度，以及学生管理、门卫值班、巡逻值班、防火防灾、食品卫生管理、防火安全管理、体育器材检查、健康体检等规章制度。严禁私自组织学生集体服用药品和保健品，严禁组织学生从事不符合国家有关规定的危险性工作，严禁教师个人利用假期（日）私自带学生外出，在校外开展的社会实践活动要坚持就近、徒步原则。对涉及学校安全保卫的各项工作，都要做到有章可循，违章必究，不留盲点，不出漏洞。

（四）建立学校安全意外事故处置预案制度。学校建立事故处置领导小组，制定了意外事故处置预案制度。

三、齐抓共管，群防群治

学校安全教育工作是一项社会性的系统工程，需要社会、学校、家庭的密切配合。我们积极与××街道、××派出所等部门通力合作，做好学校安全保卫工作，学校组织开展一系列道德、法制教育活动，取得了良好的教育效果。

（一）宣讲安全知识、普及安全常识。邀请了学校法制副校长、派出所指导员、消防大队领导讲解交通安全知识，用电、用气及安全逃生等知识，普及家用电器的正确使用操作方法。

（二）召开安全教育的主题班会。由德育处统一印发安全教育材料，包括安全知识、安全警报等。班主任进行宣讲，让学生进行讨论，以提高对安全工作的认识。学校还利用VCD光盘、黑板报、宣传栏等形式，全方位宣传安全工作。

（三）定期反馈各时段的学校安全工作，及时查找问题排除隐患。每个月末学校组织各部门对自己所辖的部门进行一次安全排查，反馈学校的主要安全工作记录，力求做到安全隐患及时排除、安全工作及早布置、安全措施及早落实、安全警钟长鸣。

（四）学生签订《学生安全工作承诺书》。主要内容有：

1. 不私自游泳，以防溺水事故；

2. 不进网吧、酒吧、歌舞厅等娱乐场所；

3. 不骑摩托车和驾驶其他机动车辆；

4. 不乘坐“三无车辆”。

5. 外出告知父母，不在外住宿；

6. 注意饮食卫生，以防传染病；

7. 注意用电安全，防火防盗。

8. 不惹是生非、不打架斗殴。

9. 不买“无证商贩”的食品。

（五）定期联系家长，齐抓共管，不断提高家长对安全工作的认识。暑假、五一和国庆长假，学校都致家长一封信，信中的一个重要内容是提醒家长注意对子女的安全教育，以保证子女在假期中的安全。

（六）认真做好预防流行病和常见病的工作。积极做好卫生知识宣传教育，让学生养成良好的个人卫生习惯，对校园定期进行消毒清洗，防止细菌滋生。对学生适时进行流行病的防疫，特别在今年流行荨麻疹，我们在州防疫站调集药品，及时防护，我校没有一个人感染此病，有效维护了学校的正常教学秩序。

四、加强教育，提高自我保护能力

要确保安全，根本在于提高安全意识、自我防范和自护自救能力，抓好安全教育，是学校安全工作的基础。我们以交通安全教育活动月为重点，经常性地对学生开展安全教育，特别是抓好交通、大型活动等的安全教育。

（一）认真做好交通安全教育月工作。学校安全教育以珍爱生命为主题，在安全教育月期间，学校组织学习安全教育工作文件，对校内易发事故类型、重点部位保护、工作薄弱环节、各类人员安全意识与安全技能等方面，开展深入全面的大检查，消除隐患，有针对性地扎实地开展教育和防范工作。

（二）开展丰富多彩的教育活动。利用班会队会活动、活动课、人防课、学科渗透等途径，通过讲解、演示和训练，对学生开展安全预防教育，使学生接受比较系统的防溺水、防交通事故、防触电、防食物中毒、防体育运动伤害、防火、防盗、防震、防骗、防煤气中毒等安全知识和技能教育。还利用学校广播、黑板报、横幅、标语等宣传工具及举行主题班会、讲座、安全征文与知识竞赛等形式开展丰富多彩的安全教育。学校积极推行一月安全提醒，利用周前会议和周一升旗活动时间，小结上周安全工作，强调安全事项。通过《加强节假日对子女监护》的公开信，增强家长的安全意识。通过教育提高广大学生的安全意识、安全防范能力和自我保护能力。

总之，今后我们将进一步重视安全保卫工作，及时解决安全保卫工作中发现的新问题，加强管理和防范，务求消除安全隐患。要充分认识安全工作的艰巨性、长期性，力戒形式主义，坚持下大力气、不懈努力，狠抓落实，尽快建立起安全工作的长效机制，不断提高我校安全工作水平。

67. 逻辑性不强

案例

这是在某网站上刊登的一篇公文正文的第一段和第二段，内容如下：

今年国际博物馆日的主题是“处于世界变革中的博物馆：新挑战、新启示”。为营造良好氛围，喜迎第36个国际博物馆日，全省博物馆、纪念馆紧紧围绕主题，并结合本馆实际，创新活动形式、丰富活动内容，举办了一系列纪念和宣传活动。

×××博物馆举办了“走进社区”系列文化活动。本次活动以“请进来、走出去”的方式，努力为社会公众奉上一份丰盛的博物馆文化大餐。活动将从五月持续到十月，包含两部分内容。第一部分是邀请×××社区的2 000多名居民和×××小学的800余名农民工子弟分批次参观博物馆，让每一个走进博物馆的居民和农民工子弟聆听精彩的讲解，欣赏音乐演奏；第二部分是将精心策划的文化讲座送进社区和学校，如《中国古代诗词欣赏和吟诵》、《国画赏析入门》等，并希望通过活动能让更多的观众走进博物馆，感受中国文化的魅力，加深对新时代博物馆的了解与认同，从“上博物馆”进而“爱上博物馆”。

问题分析

该篇文章最大的问题是逻辑性不强，没有条理性和层次性。

最明显的是在第二段。该段开始就说“本次活动以‘请进来、走出去’的方式”，按照正常逻辑，接下来就应该分别介绍“请进来”是怎么做的，“走出去”是怎么做的。但文中接下来说的是“活动将从五月持续到十月，包含两部分内容”。

大家或许没有亲自煮过粥，但都吃过粥。写文章目的是为了表情达意，要逻辑清晰、层次分明，千万不要像煮粥一样写得黏稠。

正确写法

5 月 18 日是第 36 个国际博物馆日，全省各级博物馆、纪念馆围绕“处于世界变革中的博物馆：新挑战、新启示”的主题，结合各自实际，举办了一系列宣传活动。

×××博物馆开展了进社区系列活动，以“请进来、走出去”的方式服务群众。“请进来”主要是邀请×××社区的 2 000 多名居民和×××小学的 800 余名农民工子弟分批次参观博物馆，欣赏音乐演奏。“走出去”主要是将《中国古代诗词欣赏和吟诵》、《国画赏析入门》等精心策划的文化讲座送进社区和学校，加深居民和学生对新时代博物馆的了解与认同。活动从 5 月份持续到 10 月份。

将案例和修改后的内容进行对比，可以明显看出修改后的文章简洁明了、语句流畅、层次分明、逻辑清晰，表达更到位。

68. 表意不明确

案例

×××厅关于举办国际博协亚太地区联盟大会的请示

省政府：

我国是国际博物馆协会亚太地区联盟现任主席国，亚太地区联盟大会每年在各会员国举办一次，经大会理事会研究确定今年大会在中国举办。考虑到我省博物馆是全国重点博物馆，在国内外博物馆界享有较高声誉，经积极争取，中国博物馆协会（国际博物馆协会中国国家委员会）批复同意今年亚太地区联盟大会在我省召开，并要求按照有关规定向上级部门报批。

亚太地区联盟大会拟于10月11日至10月14日举

行，会议主题为“多学科视域下的博物馆：共容与协作”，会议代表100人左右，其中境外代表60人，主要为国际博物馆主席等官员、亚太地区联盟所属国代表、特邀主旨发言专家。

我们认为，国际博物馆协会亚太地区联盟大会如能在我省召开，对于进一步加强对外交流与合作，宣传与展示我省，提升我省博物馆的国际知名度与影响力，促进我省文化遗产保护事业的科学发展、跨越式发展，具有十分重要的意义。为此，特报告，届时并再报请领导出席会议有关活动。

特此请示。

××省×××厅

××××年×月×日

问题分析

该案例中的错误是表意不明确。

公文的标题是“×××厅关于举办国际博协亚太地区联盟大会的请示”，很显然是一篇请示性公文。

公文的第一段说：中国博物馆协会（国际博物馆协会中国国家委员会）批复同意今年亚太地区联盟大

会在我省召开，并要求按照有关规定向上级部门报批。

第二段介绍了会议的基本情况，包括拟召开的时间、规模、主题等。

第三段介绍了举办会议的意义。

最后用一句“为此，特报告，届时并再报请领导出席会议有关活动”作为结束语，并以“特此请示”收尾。

从结构上对这篇公文进行认真阅读分析，确实很难看出写作者的意图。

写作者在标题中选择的文种是“请示”，正文通篇都是在“报告”，最后又说“特此请示”。他到底想要向上级单位表达什么意思、请示什么事项，似乎不得而知。

正确写法

根据写作者的表述可以推测出他是要就“召开国际博协亚太地区联盟大会”向上级单位请示会议召开的时间、地点、规模和主题等。

因此应该修改为：

×××厅关于举办国际博协亚太地区联盟大会的请示

省政府：

我国是国际博物馆协会亚太地区联盟现任主席国，

亚太地区联盟大会每年在各会员国举办一次，经大会理事会研究确定今年大会在中国举办。考虑到我省博物馆是全国重点博物馆，在国内外博物馆界享有较高声誉，经积极争取，中国博物馆协会（国际博物馆协会中国国家委员会）批复同意今年亚太地区联盟大会在我省召开，并要求按照有关规定向上级部门报批。

我们认为，国际博物馆协会亚太地区联盟大会如能在我省召开，对于进一步加强对外交流与合作，提升我省博物馆的国际知名度与影响力，促进我省文化遗产事业的科学发展，具有重要意义。

为此，恳请同意我们承办亚太地区联盟大会。会议拟于10月11日至10月14日召开，主题为“多学科视域下的博物馆：共容与协作”，会议代表100人左右，其中境外代表60人，主要为国际博物馆主席等官员、亚太地区联盟所属国代表、特邀主旨发言专家。

妥否，请批示。

××省×××厅

××××年×月×日

69. 因果关系不对

案例

（1）某单位在关于“古城改造困局”的报告中，有这样一段文字：

古城是国务院公布的首批历史文化名城，迄今已有2 800余年历史。古城城墙周长 11.145 公里，城内面积441.07公顷，其中行政机关、企事业单位用地总面积 83.37 公顷，居民住宅占地面积 237.7 公顷，公共用地面积 120 公顷。作为主要交通的古城城门，有八道门，而今城内的人要出来，城外的人要进去，都卡在这几座门槛旁。

早在 2000 年，当地政府就开始对古城进行改造，但今年 4 月底古城搬迁计划已经陷入困境。目前制约古城搬迁的问题，首先是政策，按照原先规划，古城内的党政机关要带头先行搬出，继而引导当地居民迁出古城，但国家去年 7 月出台规定，党政机关一律禁止修建楼堂馆所，现在该设想已无法实现。

（2）某单位在关于“文化遗产保护”的报告中，有这样一段文字：

传承优秀历史文化是文明社会的共同选择。众所周知，黄鹤楼历代屡毁屡建，百年前毁于大火，直到百年后重新异地建设，而且改为钢结构，仍为中外所认同欣赏，成为著名的城市景点。国内众多知名建筑，包括北京故宫、长城、杭州雷峰塔等，不都是经过重建或改造而获得新生的吗？

还有很多实例，恕不一一赘述。

优秀的历史文化只有传承才能得以延续，悠久的文明历史只有传承才能得以发展，否则人类社会将停留在洪荒时代。

问题分析

案例（1）将“古城改造遇到困难”的原因归结为

“党政机关一律禁止修建楼堂馆所”的政策。

案例（2）以“对历史文化景点的重建、改造”来论证“历史文化的传承与发展”。

这两种写作方法都是错误的。

因为：

（1）我们可以推测，古城改造的困境，应该是很多原因造成的，有些是主要原因，有些是次要原因，但是主要原因绝对不是中央制定的“党政机关一律禁止修建楼堂馆所”的政策，它们之间没有必然关系。

而且先抛开“因果关系的错误”不说，单就公文写作的特点来说，也不能将问题的原因简单地归结为上级单位的政策错误。

（2）异地新建的、钢结构的“黄鹤楼”成为著名的城市景点，根本原因不是“黄鹤楼”这个现代建筑的本身，而是在它背后的故事。以此来说明“传承优秀历史文化”的重要性实属牵强。

而且以“重建和改造”的方式来“传承优秀历史文化”的说法也不科学。

正确写法

公文中说理、推理以及说明问题的原因，应该全面、深入、客观地分析，找准问题的关键和本质。

案例（1）中应该找准问题的原因所在，如资金问题等。

案例（2）中所列举的事例只能证明文化旅游开发的效果，应该从“文化旅游开发”的角度讲。

70. 字母词使用不当

案例

某单位在《关于加强电子政务建设的通知》里面，有如下表述：

各直属单位：

为加强本系统电子政务建设，提高日常工作效率，特就有关事项通知如下：

一、加快完善各单位 OA 系统。没有建立 OA 系统的单位要尽快建立，已经建立 OA 系统的单位要尽快与机关 OA 系统对接。

二、提高 OA 系统的使用率。凡是可以通过 OA 系统处理的文件，尽量在 OA 系统上处理。

三、目前没有建立 OA 系统的单位，不涉密的 word 文档，要尽量通过 E-mail 传递，提高无纸化办公水平。

特此通知。

问题分析

《中华人民共和国国家通用语言文字法》明确规定："国家机关以普通话和规范汉字为公务用语用字。""汉语文出版物中需要使用外国语言文字的，应当用国家通用语言文字作必要的注释。""外国人名、地名等专有名词和科学技术术语译成国家通用语言文字，由国务院语言文字工作部门或者其他有关部门组织审定。"

案例中，用了"OA"、"word"、"E-mail"三个字母词，其中"OA"为 Office Automation 的缩写，意为"办公自动化系统"。"word"是 Microsoft office Word 的简称，中文意思是"微软办公文字"，word 文档即为"用微软办公文字软件编辑的文档"。"E-mail"是 Electronic mail 的简称，中文意思是"电子邮件"。

将这些英文字母直接写在公文里面的做法是错误的。

正确写法

按照《中华人民共和国国家通用语言文字法》的相关规定，对公文中字母的处理：

一是能用汉字表述的尽量用汉字表述。汉字表述中要尽量用经相关部门审定的规范译名。

二是目前没有规范译名的外文字母在文中第一次出现时，要在后面加注相应的汉字解释。

因此，该案例可以改为：

各直属单位：

为加强本系统电子政务建设，提高日常工作效率，特就有关事项通知如下：

一、加快完善各单位OA系统（办公自动化系统）。没有建立OA系统的单位要尽快建立，已经建立OA系统的单位要尽快与机关OA系统对接。

二、提高OA系统的使用率。凡是可以通过OA系统处理的文件，尽量在OA系统上处理。

三、目前没有建立OA系统的单位，不涉密的电子文档，要尽量通过电子邮件传递，提高无纸化办公水平。

特此通知。

相关链接

所谓“字母词”，是指由字母组成或其中包含字母的词语。如：MP3、Win98、E-mail、Flash、CCTV、APEC、BBS、CEO、CD、VCD、DVD、DNA、EGDP、GPS、WTO、VIP、MBA、MPA，等等。

字母词的出现是中外文化交流中语言发展的必然结果。目前，在大众传媒、公共交际中字母词使用很广泛，而且其本身也具有简洁的特点。受此影响，近年来公文中使用字母词的现象逐渐增多，这既有外语新名词大量涌现而尚无规范汉语译名的原因，也有一些公文写作者使用规范汉字意识淡薄，在公文中随意使用字母词等因素。

公文是党政机关传递策令、沟通信息、交流经验的书面载体，其用语必须符合规范要求。公文写作者应该站在维护祖国语言规范和健康发展、传承中华民族文化的高度，自觉使用规范汉字，规范使用字母词。

第八章 公文语言风格上的错误

每一种文体都有自己的语言风格，如“虚构”是小说的本质，“优美”是散文的特质。司空图在《二十四诗品》中，更是将诗细分为雄浑、冲淡、纤秾、沉著、高古、典雅、洗炼、劲健、绮丽、自然、含蓄、豪放、精神、缜密、疏野、清奇、委曲、实境、悲慨、形容、超诣、飘逸、旷达、流动二十四种风格。

公文作为一种应用文，也有自己的语言风格。根据公文的特点，它的语言风格应该是：庄重、朴实、规范、精准、简练等，这是公文区别于其他文体的重要标志。

要想写出一篇好的公文，必须遵循公文的语言风格。

71. 不权威

案例

某单位在向上级单位报送的一篇报告中，有这样的一段文字：

据了解，×××市文化中心建筑总面积 26 744 平方米，总投资 9 400 万元，建筑样式吸收了“中国鼎”、“世博中国馆”文化内涵，同时融入了民居“天井”、“天圆地方”等文化元素。

据了解，该中心将于今年底建成，建成后将成为全省规模最大、功能最齐全、布局最合理、设施最完善的市级公共文化场所。

问题分析

公文应该具有很强的权威性。

“据了解”，也就是日常生活中口语所说的“听说”。用“据了解”引出后面的内容，会让读者觉得这些信息是道听途说得来，没有经过调查核实，不可信、不权威。

“据了解”这样的词语用在公文中显然是不妥的。

正确写法

在公文写作中，杜绝使用“据了解”、“据说”、“从×××获悉”这样的词语。

对于该案例而言，应将“据了解”删去，直接陈述后面的事实。

72. 不规范

案例

以下是某单位在年度工作总结中的部分内容：

（1）成立了市网络文化企业协会，以互联网上网服务行业为主体，同时吸纳了许多互联网文化单位、互联网硬件设备厂商、互联网增值服务商以及各县的互联网上网服务行业协会。

（2）开通了“××讲坛”手机应用程序，可满足读者利用移动终端随时随地观看“××讲坛”的视频资源。

问题分析

吕叔湘在《语法修辞讲话》中说，“语法不是修辞学……它只管句子的结构对不对，至于句子的灵巧或笨拙，干脆或啰嗦，它也不管的。”因此，可以说语法是公文写作者必须要掌握的基本知识。公文写作者要先能写出正确的句子，然后在此基础上进一步地追求用词的精准和句子的精练。

案例中存在的问题是语法错误。也许有人会说，我只要把事情说出来，让别人能够明白就行了。但是本章开篇就说过，公文的语言必须要规范，最起码要符合语法规范。

案例（1）有偷换主语的问题。

前半句“成立了市网络文化企业协会”的主语是该单位或者该市，后半句“以互联网上网服务行业为主体，同时吸纳了许多互联网文化单位、互联网硬件设备厂商、互联网增值服务商以及各县的互联网上网服务行业协会”的主语是“市网络文化企业协会”。把这两个不同主语的句子放在一句话里面，以为是主语承前省略，其实是偷换主语。

案例（2）有句子杂糅的问题。

“可满足读者利用移动终端随时随地观看‘××讲坛’的视频资源”这句话，是将“可满足读者随时随地观看‘××讲坛’视频资源的需求”和“读者可利用移动终端随时随地观看‘××讲坛’的视频资源”这两句话杂糅在了一起。

正确写法

按照汉语语法要求，案例（1）可改为：

成立了市网络文化企业协会，该协会以互联网上网服务行业为主体，同时吸纳了许多互联网文化单位、互联网硬件设备厂商、互联网增值服务商以及各县的互联网上网服务行业协会。

或者将两个句子变成一个句子，第二个句子做第一个句子的定语，即为：

成立了以互联网上网服务行业为主体，吸纳许多互联网文化单位、互联网硬件设备厂商、互联网增值服务商以及各县互联网上网服务行业协会的市网络文化企业协会。

案例（2）可改为：

开通了“××讲坛”手机应用程序，读者可利用移动终端随时随地观看“××讲坛”的视频资源。

或者改为：

开通了“××讲坛”手机应用程序，可满足读者随时随地观看“××讲坛”视频资源的需求。

73. 不精准

案例

（1）以下是某单位在一份报告中的文字：

力争到“十二五”期末，达到“一流设施、一流管理、一流队伍、一流服务”的总体目标，真正使其成为国际知名、全国一流的学习型、研究型、创意型、示范性的现代化图书场馆。

（2）以下是某单位在一份请示中的文字：

届时，恳请省领导出席开幕式并讲话。

问题分析

在公文写作中，表现一个事物，只有一个名词是最准确的；描绘一种状态，只有一个形容词是最准确的；说明一个动作，只有一个动词是最准确的。公文写作者的任务，就是要找到这个最准确的名词、形容词、动词。

案例（1）中：

“达到”一般与“目的”搭配，“目标”一般与“实现”搭配，用“达到……目标”显然是不妥的。

“真正使其成为”，言外之意以前不但没有“真正”，反而有“虚假”的现象，这样表述显然也是不妥的。

案例（2）中：

“届时”是到时候、到那时候的意思。“届时，恳请领导”，意思是“到那个时候恳请领导”，这显然是不对的，因为在“请示”送达的时候就已经恳请了。请示表达的意思应该是“恳请领导到那个时候”。

正确写法

案例（1）应该改为：

力争到“十二五”期末，实现“一流设施、一流管理、一流队伍、一流服务”的总体目标，使其成为国际知名、全国一流的学习型、研究型、创意型、示范性的现代化图书场馆。

案例（2）应该改为：

“恳请省领导届时出席开幕式并讲话”。

或者直接将“届时”二字删掉。

74. 不严密

案例

（1）某单位写了一份关于党的群众路线教育实践活动的报告，部分内容如下：

在党的群众路线教育实践活动中，我们组织机关党员和干部职工，深入街道、社区、乡镇、村组、工厂、企业等基层一线体验生活，与基层群众交心谈心；我们主动邀请了相关专家、学者、教授、新闻记者和基层代表，来对我们的工作提出意见和建议。

（2）某单位一份关于文明城市创建的报告中，部分内容如下：

11 月 19 日，我院精神文化领导小组成员一行六人，在社区工作人员的陪同下，来到花园小区走访20户居民。通过到药店、五金店等门面窗口和居民家中面对面的入户宣传，开展文明创建进社区活动，营造全民创建文明城市的氛围。

(3) 某单位对推动农村公共服务场所建设，提出如下意见：

关于进一步推进全省农村群众广场建设的意见

各市、县人民政府：

为进一步落实党的十八大及十八届三中全会要求，健全完善全省农村公共设施，统筹城乡一体化发展，现就进一步推进全省农村群众广场建设提出如下意见：

一、重要意义

农村群众广场建设，是贯彻落实党的十八大及十八届三中全会精神，构建现代公共服务体系的重要举措，是今后一个时期全省社会事业发展的重点工作之一。各地要从对接群众需求、维护群众基本权益的高度，充分认识工作的重要性，努力推动工程实施。

二、指导思想

坚持以科学发展观为指导，以促进城乡公共服务均等化建设为目标，全面贯彻落实党的十八大及十八届三中全会、省第十次党代会及十届三次全会精神，紧密围绕社会主义核心价值体系建设，通过建设并充分利用农村广场……

三、主要目标

…………

问题分析

公文中的语言要表述相当严密，没有任何漏洞。

案例（1）中，“党员和干部职工”，“街道、社区、乡镇、村组、工厂、企业”，“专家、学者、教授、新闻记者和基层代表”，这些列举的类别之间有交叉，不能用“、”放在一起并列表述。如：党员里面有干部职工，干部职工里面也有党员，所以不能说“党员和干部职工”。

案例（2）中，前面一句说“走访 20 户居民”，紧接着后面一句话说“到药店、五金店等门面窗口和居民家中”，显然“药店、五金店”不属于居民，前后说法不一致。

案例（3）中，“意见”正文的第一段说“贯彻落实党的十八大及十八届三中全会要求”，第二段说“贯彻落实党的十八大及十八届三中全会精神”，第三段又说“贯彻落实党的十八大及十八届三中全会、省第十次党代会及十届三次全会精神”，说法不统一。

正确写法

案例（1）应该改为：

在党的群众路线教育实践活动中，我们组织机关干部职工，深入社区、村组、工厂等基层一线体验生活，与基层群众交心谈心。我们主动邀请了社会各界代表，来对我们的工作提出意见和建议。

案例（2）应该改为：

11月19日，我院精神文明领导小组成员一行六人，在社区工作人员的陪同下，到药店、五金店等门面窗口和居民家中面对面宣传，开展文明创建进社区活动，营造全民创建文明城市的氛围。

案例（3）应该改为：

关于进一步推进全省农村群众广场建设的意见

各市、县人民政府：

为进一步贯彻落实党的十八大和十八届三中全会精神以及省十次党代会、十届三次全会精神，健全完善全省农村公共设施，统筹城乡一体化发展，现就进一步推进全省农村群众广场建设提出如下意见：

一、重要意义

农村群众广场建设，是贯彻落实党的十八大和十八届三中全会精神以及省十次党代会、十届三次全会精神，构建现代公共服务体系的重要举措，是今后一个时期全省社会事业发展的重点工作之一。各地要从对接群众需求、维护群众基本权益的高度，充分认识工作的重要性，努力推动工程实施。

二、指导思想

坚持以科学发展观为指导，以促进城乡公共服务均等化建设为目标，贯彻落实党的十八大和十八届三中全会精神以及省十次党代会、十届三次全会精神，紧密围绕社会主义核心价值体系建设，通过建设并充分利用农村广场……

…………

或者将这些口号性的文字删掉，直接从具体工作出发。若要保留，也最好只在文中的某一处提出，不要反复地强调。

75. 不精练

案例

某单位将党委中心组学习情况向上级单位报送，其中第一段文字为：

11 月 5 日上午，组织开展了党委中心组（扩大）理论学习活动，党委成员、各支部书记参加了此次集中学习。学习以贯彻落实党的十八届三中全会精神为主要内容，通过阅读文件、观看视频、交流发言等形式开展了集中学习。集中学习由党委书记×××主持。

问题分析

公文语言要求“精练”，即用简短的文字表达丰富的内容。

案例中将本来可以用一句话来表述的内容，用了三句话来表述，并且用了三个“集中学习”。

正确写法

案例应该改为：

11月5日上午，党委书记×××召集党委成员、各支部书记，围绕贯彻落实党的十八届三中全会精神，通过阅读文件、观看视频、交流发言等形式，开展了党委中心组（扩大）理论学习活动。

案例原文114个字，修改后84个字，减少了近三分之一的字数。文字更加精练，意思更加清楚明了。

76. 不朴实

案例

（1）某单位在报送活动总结的报告中，这样写：

活动现场十分火爆，宣传展板前人头攒动，赠书展台前，前来咨询、领书、办证的群众络绎不绝，活动受到基层群众的热烈追捧。到下午活动结束时，现场群众仍意犹未尽，久久不肯离去。

（2）某单位介绍工作情况时，这样写：

收藏了一批明清至民国时代的艺术藏品和一批国内外优秀的当代漆艺作品，让漆艺的“前世”与“今生”共处一室。

问题分析

公文是用来传递公务信息的，需要开门见山、直陈其事，直截了当地把意思表达出来，不要刻意追求形象和生动。

案例（1）短短的一段话，用了“十分火爆、人头攒动、络绎不绝、热烈追捧、意犹未尽”五个成语形容活动的场面，文字十分花哨，内容却没表达清楚。因为这些成语用在公文里面并不能表达出实际的内容，也可以说只是公文写作者个人的感性认识。

案例（2）用了“拟人”的修辞手法，将“明清至民国时代”的作品比作“前世”，将“当代”的作品比作“今生”，将它们在一起展出比作“共处一室”。这种写法虽然形象，但不朴实，不适合公文的写作。

正确写法

案例（1）中活动现场到底怎么样，要用事实和数字来说明。比如可以改为：

活动当天，共有 4 000 多人前来咨询、领书、办证、观看展板。

案例（2）中，可以直接把“拟人”的部分删掉，即为：

收藏了一批明清至民国时代的艺术藏品和一批国内外优秀的当代漆艺作品。

77. 不真实

案例

某单位在向上级单位报告两次展览活动情况时，分别这样写：

（1）本次展览将集中展出漆画、漆器、漆家具、漆雕塑等漆艺精品50余件，让公众充分感受大漆世界的独特魅力。

（2）特别值得一提的是，展览中采用了3D浮空投影技术，逼真再现了邓丽君演唱的风采，实现了观众与邓丽君进行跨越时空的交流，弥补了邓丽君生前未能来大陆开演唱会的遗憾。

问题分析

老子说："信言不美，美言不信。"意思是说，华美的言辞、文章，内容往往不真实。

案例（1）中，前半句话说"展出了 50 余件作品"，后半句话说"让公众充分感受大漆世界的独特魅力"。不管"大漆世界"有没有多么的博大精深，也不至于用 50 余件作品就能让公众"充分"地感受到它的"独特魅力"。

案例（2）中，前面介绍"展览采用了 3D 浮空投影技术"，后面说"逼真再现了邓丽君演唱的风采"，这还说得过去。但后面又接着说"实现了观众与邓丽君进行跨越时空的交流"，甚至还说"弥补了邓丽君生前未能来大陆开演唱会的遗憾"，这就太夸张了。

案例（1）（2）的共同错误就是"溢美"，"溢美"就是不真实。

正确写法

案例（1）可以改为：

本次展览将集中展出漆画、漆器、漆家具、漆雕塑等漆艺精品50余件，让公众多角度地感受大漆艺术的魅力。

案例（2）可以改为：

展览采用了3D浮空投影技术，逼真再现了邓丽君的演唱风采。

78. 不庄重

案例

前段时间，雾霾很严重，气象学家分析与焚烧秸秆有关系，于是某地政府下发了一个禁止焚烧秸秆的通知，部分内容如下：

由于焚烧秸秆会造成灰霾天气，请广大群众对废弃秸秆科学处理，禁止进行简单焚烧。相关单位将于近期开展专项检查，对焚烧秸秆的行为坚决做到“谁烧罚谁、烧谁罚谁”，“上午烧秸秆、下午就拘留”。希望广大群众，能够看在眼里，记在心里，落实到地里。

问题分析

不庄重的语言可以说是一种“语言暴力”。

案例中，将“谁烧罚谁、烧谁罚谁”，“上午烧秸秆、下午就拘留”这样的语言写在公文里面，是非常不庄重的。

正确写法

公文的语言要文明。案例可以改为：

由于焚烧秸秆会造成灰霾天气，为了给我们自己营造一个良好的生活环境，请广大群众务必对废弃秸秆进行科学处理，禁止简单焚烧。相关单位将于近期开展专项检查，对劝阻不执行者，将依法进行相应处罚。

79. 不清晰

案例

某单位在向上级单位报送先进经验时，这样写道：

我们的具体做法：一是从本中心现有在册人员中选用；二是从其他中心富余人员中选用；三是面向当地社会聘用，要求在年龄 35 岁以下，高中以上学历，有一定艺术特长，热爱文化工作。所聘人员试用三个月合格后，经申请由当地政府批准为公益性岗位，享受政府公益补贴，建立人事档案，交纳“五险一金”。所需经费从本地政府“以钱养事”经费中解决一部分；从县创建示范区“三员”经费中支持一部分，每人每年补贴 2 万元；三是从免费开放资金中补贴一部分；

其四从当地政府公益性岗位经费中补贴一部分。

问题分析

该案例的公文写作者逻辑思维不清晰，所表述的内容很混乱。

仔细分析可以看出，该作者想表达两层意思：一层意思是“人员来源”，一层意思是“经费来源”。在表述“人员来源”时，说了三点，用了三个“是”。在表述“经费来源”时，说了四点，用了四个“一部分”。

“人员来源”可以看明白，是从三个方面来选聘的。但在介绍人员上岗时只说了“所聘人员”，应该介绍所有人员。“经费来源”只说了从四个方面，每个方面出“一部分”，但到底是多少却没有介绍。

该作者将这些信息没有条理地堆砌在一起，让公文内容的表述很不清晰。

正确写法

我们的具体做法：

一是广泛选聘人员。从本中心现有在册人员、其他中心富余人员和社会人员中选聘，选聘对象要求年龄 35 岁以下、高中以上学历、有一定艺术特长、热爱文化工作。

二是切实落实待遇。选聘人员上岗试用三个月合格后，由当地政府批准为公益性岗位，享受政府公益补贴，建立人事档案，交纳“五险一金”。

三是多方筹措资金。所需经费分别从本地政府“以钱养事”经费、县创建示范区“三员”经费、中心免费开放补贴经费、本地政府公益性岗位经费中各划拨一部分，使每人年度工作经费达到 45 000 元。

与案例原文相比，修改后的文字逻辑思维更加清晰，表述的内容一目了然。

80. 不得体

案例

前面第七章第 9 个错误，列举过某单位向上级单位报送的关于文化遗产保护的报告中，有这样一段话：

传承优秀历史文化是文明社会的共同选择。众所周知，黄鹤楼历代屡毁屡建，百年前毁于大火，直到百年后重新异地建设，而且改为钢结构，仍为中外所认同欣赏，成为著名的城市景点。国内众多知名建筑，包括北京故宫、长城、杭州雷峰塔等，不都是经过重建或改造而获得新生的吗？

还有很多实例，恕不一一赘述。

优秀的历史文化只有传承才能得以延续，悠久的文明历史只有传承才能得以发展，否则人类社会将停留在洪荒时代。

问题分析

根据公文的语言风格，公文在句式上多用陈述句、祈使句，少用描写句、疑问句、感叹句。如撰写报告、交代问题时，尽量使用陈述句，将问题表达清楚。布置工作、传达精神时，尽量使用祈使句，说明具体做法。

案例中使用了一个反问句——“不都是经过重建或改造而获得新生的吗”，一个否定句——“否则人类社会将停留在洪荒时代”，还有一句“还有很多实例，恕不一一赘述”，在公文写作中用这几种句式和语气是非常不得体的。

正确写法

根据句式的要求和文字的内容，案例可以改为：

众所周知，黄鹤楼历代屡毁屡建，百年前毁于大火，直到百年后重新异地建设，而且改为钢结构，仍为中外所认同欣赏，成为著名的城市景点。国内众多知名建筑，包括北京故宫、长城、杭州雷峰塔等，都是经过重建或改造，而后产生良好的旅游效益。总之，优秀的历史文化只有传承才能得以延续，悠久的文明历史只有传承才能得以发展。通过合理开发利用，打造文化旅游品牌，也是一种传承优秀历史文化的方式。

第九章

政务信息写作中的错误

政务信息，是由政府机关采集，通过特定载体反映与经济、社会管理及公共服务相关的活动情况或数据。

政务信息在不同的机关可能会有不同的名称，比如：有的单位将其称为“简报”、“快报”、“综合信息摘报”、“每日要情”等，但它们都属于政务信息。

政务信息不是《党政机关公文处理工作条例》中规定的法定公文，但在日常工作中，它具有推动党和国家各项方针政策的贯彻落实、为上级部门或领导科学决策提供依据、促进各地各部门间工作经验交流、迅速反映突发事件基本情况等重要作用。

政务信息是各级、各类单位开展工作不可或缺的一种载体，是公文写作者在工作中会经常遇到的一种非法定公文，所以这里将其单独作为一章来写。

81. 人称不对

案例

案例 1

我市文化中心主体工程全面竣工

目前，我市重点民生工程市文化中心主体工程全面竣工，进入内部装修阶段，预计今年底可实现对外免费开放。

我市文化中心建筑总面积 26 744 平方米，总投资 9 400 万元，建筑样式吸收了“中国鼎”、“世博中国馆”文化内涵，同时融入了本地民居“天井”、“天圆地方”等文化元素。我市文化中心建成后，将成为全省规模最大、功能最齐全、布局最合理、设施最完善的市级公共文化活动阵地。

案例 2

精神文明创建督导组莅临市××馆督导检查工作

11 月 20 日，由六位专家组成的精神文明创建督导组在相关领导的陪同下，莅临市××馆，对创建工作进行督导检查。

问题分析

案例（1）中，编写该篇信息用的是第一人称，从头到尾都是用的“我市”。“我市”到底是哪个市，没有说明。这样的一篇信息读完以后，不知道是谁写的、谁上报的。

案例（2）中，“莅临”是自己对别人的尊称。

正确写法

信息编写要用第三人称。

信息是写给别人看的，是对工作情况真实、客观的反映，所以编写者在写信息的时候要以第三方的身份来写。在涉及具体单位时，直接写单位名称，如

“××市”、“××局”，在接下来的文字中可以用“该市”、“该局”来代替。

案例（1）可以改为：

×××市文化中心主体工程全面竣工

目前，×××市重点民生工程市文化中心主体工程全面竣工，进入内部装修阶段，预计今年底可实现对外免费开放。

该文化中心建筑总面积 26 744 平方米，总投资 9 400万元，建筑样式吸收了“中国鼎”、“世博中国馆”文化内涵，同时融入了本地民居“天井”、“天圆地方”等文化元素。该文化中心建成后，将成为全省规模最大、功能最齐全、布局最合理、设施最完善的市级公共文化活动阵地。

案例（2）可以改为：

精神文明创建督导组到市××馆督导检查工作

11 月 20 日，由 6 位专家组成的精神文明创建督导组在相关领导的陪同下，到市××馆，对创建工作进行督导检查。

82. 题文不符

案例

×××市首届艺术节开幕

10月15日晚七点半，×××市首届艺术节开幕，参评剧目《大端午》在开幕式上隆重上演。

《大端午》以端午文化为主要表现内容，贯穿“一个端午三个过”的主线，充分展示了我市人民和谐、奋进的民族精神。《大端午》在“日月星辰映苍茫，千秋万世奉端阳，古往今来绎佳节，人杰地灵咏流芳”的祭祀歌曲中拉开序幕。全剧共分为《头端午·大山情韵》《大端午·大江情思》《末端午·大地情怀》三个篇章，演出时间约八十分钟。全剧最后是“鸽子花的咏叹”，“吾哥回，吾哥回”泣血不绝，传颂千秋。浩荡峡江水，热土流芳菲，千古爱国情，激荡魂魄归。

问题分析

该信息的标题与内容不符合。标题写的是“×××市首届艺术节开幕”，说的是艺术节，而正文的主要内容又是在介绍《大端午》这个剧目。

正确写法

（1）改标题。把标题改为“《大端午》在×××市首届艺术节上隆重上演”。

（2）改内容。标题不变，把内容改为重点介绍×××市首届艺术节的情况，如介绍艺术节的举办时间、举办单位、活动内容、活动规模、活动形式等。

83. 标题不规范

案例

某信息用了两个标题：

依靠当地政府维持现有体制灵活使用人才加大财政投入

——×××县积极探索组建基层文化专职工作队伍

问题分析

政务信息与新闻信息不同，新闻可以同时有主标题、副标题两个标题，政务信息一般只有一个标题，简洁明了。

正确写法

把副标题删掉，只保留主标题。即，案例中的信息标题应改为：

×××县积极探索组建基层文化专职工作队伍

84. 标题不醒目

案例

案例 1

×××县参加全市群众文化展演取得名次

8 月 18 日，×××市举办全市群众文化展演活动，×××县××镇代表队、××镇代表队、××镇代表队参加展演，分别获得团体第二名、第三名和优秀组织奖的好成绩。

案例 2

×××区发放创建全国文明城市宣传资料

为进一步推动全国文明城市创建工作，提高群众知晓率和参与率，×××区政府组织相关工作人员，深入全区 10 个乡、镇和街道办事处居民家中发放宣传资料，共发放创建指南 10 000 册，宣传海报60 000张。

问题分析

政务信息在标题的拟写上与新闻写法有相同之处，就是都要求做到醒目。

案例（1）（2）的标题平铺直叙，没有亮点，不醒目，不吸引人。

正确写法

根据案例中信息的内容，案例（1）的标题可改为“×××县三个节目参加全市群众文化展演全部获奖”。

案例（2）的标题可改为“×××区全国文明城市创建宣传进村入户”。

相关链接

政务信息标题的拟写，有以下几点原则：

一是要突出特点，观点鲜明，好坏喜忧，一目了然。

二是要准确真实地反映信息内容。

三是要突破定式，不落俗套，令人耳目一新，印象深刻。

四是要言简意赅，简明扼要。

85. 导语不简洁

案例

某单位编发的一期关于改革工作的信息，部分内容如下：

×××市深化改革工作全面启动

为贯彻落实党的十八届三中全会精神、省委十次党代会精神、市委常委会议精神，全面启动我市的改革工作，制定改革工作方案，部署改革工作任务，11月25日，市改革工作领导小组召开了第一次工作会议。会议由×××主持，市委市政府领导×××、×××、×××等参加会议，各市直单位主要负责人出席会议。会议研究讨论了全市深化改革工作实施方案，市委领导×××在会议上作了重要讲话。

×××同志强调……

会议通过了……

下一步……

问题分析

政务信息要求开门见山，直入正题。

该案例中开头的第一段太长，不简洁，太啰唆。

正确写法

首语入题，一语道破，即：

×××市深化改革工作全面启动

11 月 25 日，×××市改革工作领导小组召开第一次工作会议，全面启动全市深化改革工作。

…………

86. 要素不完整

案例

×××市开展安全工作大检查

从8月15日开始，×××市组织检查组，对全市公共场所开展了安全大检查。

检查组先后检查了市体育馆、科技馆、图书馆、博物馆、艺术馆等单位，每到一处都对照检查内容，逐一查看核实。

…………

为提高安全工作意识，市检查组同相关单位签订了《安全目标责任书》，要求他们全力排查整治安全隐患，坚决预防和遏制安全事故发生。

问题分析

政务信息要求时间、地点、事件等要素全面、准确。

该案例中的信息要素不完整。

案例对开展工作的描述只说明了“从 8 月 15 日开始”，没有交代什么时候结束，读者不能掌握此项工作开展的时间段。

有的信息编写者还以“近日”、“日前”等来表示信息发生时间，这样的写作方法都是错误的。

正确写法

应该完整交代信息发生的时间，案例第一段可改为：“8 月 15 日至 9 月 30 日，×××市组织检查组，对全市公共场所开展了安全大检查。”

相关链接

政务信息的三要素：信时、信域、信体。

信时：是一条政务信息发生的时间，是政务信息产生的历史时段。信时不可更改。

信域：是一条政务信息产生的特定的行政区域，是政务信息的发生地。信域不能嫁接。

信体：是政务信息所述事件的主体，要求客观真实，表述层次分明。信体不作修饰。

87. 主题不突出

案例

×××市两台剧目参加全国话剧精品剧目展演

8 月 20 日、21 日，×××市话剧团携《人民的儿子》、《战马》两台大戏参加全国展演。

全国话剧精品剧目展演由全国剧协主办。活动从 8 月 15 日开始，至 9 月 15 日结束，共有全国各地 30 多家院团的 50 台剧目参加展演。×××市话剧院作为×××省唯一一家话剧院，应邀参加演出。

作为县级院团，×××市话剧院近年来先后创作排演了《人民的儿子》、《战马》、《马路天使》、《山乡红叶》等一批现实题材优秀作品，培养了一批中青年优秀演职人员，在全省乃至全国闯出了市场、闯出了影响。

此次全国话剧精品剧目展演，参加展演的均为近年来各地新创并获得省级以上奖励的剧目，×××市话剧院有两台剧目参加展演，体现了该院团的艺术创作实力。

问题分析

政务信息的主题范围要小，一篇信息只需要体现一个主题，无法容纳也没有必要容纳多个主题。若在一篇信息中把若干问题摆在一起，则不能更好地反映主题内容，也会给读者掌握信息、接受信息造成困难。

该案例中有两个主题，一个主题是说“×××市有两台剧目参加全国话剧精品剧目展演这个活动”，一个主题是说“×××市话剧院近年来的工作成绩突出”，这种将两个主题放在一个信息里面的写法是错误的。

正确写法

一篇信息只突出一个主题。就该案例来说，可以只保留“×××市有两台剧目参加全国话剧精品剧目展演”这个主题；若想把“×××市话剧院”拿出来宣传一下，则可以另外再编写一篇信息。因此，案例可以改为：

×××市两台剧目参加全国话剧精品剧目展演

8月20日、21日，×××市话剧团携《人民的儿子》、《战马》两台大戏参加全国展演。

全国话剧精品剧目展演由全国剧协主办，从8月15日开始，至9月15日结束。参加展演的50台剧目来自全国各地30多家院团，均为近年来各地新创并获得省级以上奖励的剧目。×××市话剧院作为×××省唯一一家话剧院应邀参加，并有两台剧目参演，体现了×××市的艺术创作实力。

以宣传市话剧院为主题的信息，可以写为：

×××市话剧院两台剧目参加全国话剧精品剧目展演

8月20日、21日，×××市话剧团携《人民的儿子》、《战马》两台大戏参加全国展演。

×××市话剧院作为县级院团，近年来先后创作排演了《人民的儿子》、《战马》、《马路天使》、《山乡红叶》等一批现实题材优秀作品，培养了一批中青年优秀演职人员。这次参加展演的剧目全国共有50台，×××市话剧院有两台同时参加，进一步扩大了该院的影响力。

88. 角度不准确

案例

×××市深化改革工作领导小组召开第三次工作会议

5月15日下午，×××市深化改革工作领导小组在×××市人民礼堂召开第三次工作会议，领导小组成员单位负责人参加会议。

市委书记×××主持会议，会议研究了……会议讨论了……

市委书记×××作了重要讲话，他指出……

领导小组成员单位负责人分别作了简短发言。

问题分析

虽然说一篇信息只体现一个主题，但这个主题的角度一定要准确。

案例中这篇信息只是在介绍“×××市深化改革工作领导小组第三次工作会议”情况，分别介绍了会议的时间、地点、参加人员、会议经过、领导讲话主要内容。

这篇信息选取的角度是介绍会议本身的情况，只是“就事论事”，更像是一篇会议记录，这样的信息读者不爱读。

正确写法

对同一件事情，在编写信息时可以选取不同的角度，但这个角度一定要是上级领导或社会公众所关注、感兴趣的。很显然，对于案例中的“全市深化改革工作”来说，上级领导、下级单位和社会公众所关注的应该是“全市深化改革的整个工作思路、目前的工作进展和下一步工作计划”，等等。

因此，该篇信息可以改为：

×××市深化改革工作顺利推进

5月15日下午，×××市深化改革工作领导小组在×××市人民礼堂召开第三次工作会议，市委书记×××主持会议，领导小组成员单位负责人参加会议。

会议总结了前一阶段工作，按照……的改革思路，目前全市改革工作进展顺利……

下一步，将从以下方面扎实推进改革工作：

一是……

二是……

三是……

相关链接

编写政务信息主要是向上级领导和社会公众提供信息服务，要有价值。因此在编写角度的选择上要注意以下几点：

一是要选取工作的亮点报送，但报送成绩不是表功，而是印证领导决策的正确；

二是要选取工作的难点报送，但报送困难不是哭穷，而是提醒领导调整政策；

三是要选取工作中发现的问题报送，但报送问题不是推责，而是引起领导重点关注；

四是要报送工作中总结的经验，但报送经验不是逞能，而是为领导决策提供参考。

89. 风格不适当

案例

奥运冠军来江城授课

5 岁学体操，8 岁进体院，12 岁进国家队，后获奥运会女子体操冠军、跳马冠军、平衡木冠军等众多金牌。3 月 8 日，奥运冠军菲菲做客江城，与市民一起分享成长之路的笑与泪。

从体操启蒙培训班到国家队，菲菲在讲述自己的经历时说，刚进国家队时并没有清晰的目标，教练也时常忘了她的存在。“正因如此，我有更多时间在旁边观看优秀的运动员的技术，这给了我更大的想象空间和模仿时间。”菲菲说。

对于华丽转身，菲菲坦言……

经过总结，菲菲发现……有了清晰的目标，经过三年的训练，她终于一跃成为一匹有竞争力的黑马。1998年，菲菲第一次看到了自己与世界优秀运动员的差距。赛后总结经验，苦练动作，终于在2002年的世界体操锦标赛中完美地展现。

谈到印象最深的事，菲菲一度哽咽……

如今菲菲早已退出体坛，回归普通人的生活。她呼吁更多的孩子们参与体操锻炼，在锻炼的同时拥有快乐，在健康的前提下收获知识。

问题分析

该篇信息的风格，完全不是政务信息的写作风格，更像是一篇访谈式的新闻报道。

正确写法

政务信息的写作风格跟公文的写作风格一样，要朴实，直截了当地陈述事情、说明问题、表达观念。

案例可以改为：

奥运冠军来江城授课

3月8日，奥运冠军菲菲做客江城，向市民讲述她的成长经历。

菲菲5岁学体操，8岁进体院，12岁进国家队，后获奥运会女子体操冠军、跳马冠军、平衡木冠军等众多金牌。从刚进国家队时的技术平平，到经过勤学苦练后的技术水平迅速上升，并多次获得世界大奖，她的成长经历和她的拼搏精神，给公众树立了很好的学习榜样。

菲菲讲座现场，大部分听众是带着孩子一起来学习的。

90. 种类太单一

案例

某单位对信息工作抓得很紧，每召开一次会议、开展一次活动都会编写一篇信息，并将这些信息及时向上级单位进行了报送。一年下来，该单位向上级单位报送的信息很多，但被上级单位采用、被上级领导关注的信息却很少。

问题分析

该单位编写的信息种类太单一，主要是开会、活动等动态类信息。这类信息“价值”不高，不能很好地反映工作，也不能有效地说明问题，当然不会引起上级单位领导的关注。

正确写法

政务信息的种类有很多，除了经常写的动态类型信息以外，信息写作者还应该要掌握以下几类信息：

一是问题类信息，用以反映某一项工作中存在的问题。

二是建议类信息，用以就某项工作向领导提出建议。

三是反馈类信息，用以反映上级的政策、方针、精神提出以后的实施情况。

四是预测类信息，用以对某项工作未来发展趋势和前景进行分析判断。

五是措施类信息，用以反映对某项工作的具体落实措施。

六是突发类信息，用以反映突然发生的一些紧急事件的情况。

七是经验类信息，用以总结工作中成功和失败的经验。

第十章 讲话稿写作中的错误

在实际工作中，无论什么单位都会有领导讲话，都会涉及讲话稿的写作问题，可以说讲话稿是开展工作必不可少的工具和载体，所以本章将讲话稿作为单独一章来写。

广义上讲，讲话稿是指人们在特定场合发表讲话的文稿。本章讲的是狭义的讲话稿，即各级领导在公务活动中发表的带有宣传、指示、报告、总结等性质讲话的文稿。

讲话稿的写作没有固定的模式，每一篇讲话稿的内容都是由出席活动的主题、讲话的场合、讲话者的身份、听众的身份、讲话的时间等因素决定的，不同的情况有不同的讲话内容。

但反过来看，也正是这些因素决定了讲话稿也有相对固定的模式。这就要求一篇好的讲话稿必须符合活动的主题、符合讲话的场合、符合讲话者的身份、符合讲话者的语言习惯、满足听众的心理需求、符合讲话的时间要求，这些正是讲话稿写作中必须充分考虑的问题。

91. 偏离主题

案例

某单位领导参加上级单位组织的“门户网站建设经验交流会议”，并在会议上作先进典型发言，讲话内容如下：

尊敬的各位领导、各位同志们：

我单位门户网站于 2014 年初完成升级改版，主要突出了五个方面的重点。

一、在整体规划和设计版面方面

…………

二、在信息公开方面

…………

三、在网上服务方面

…………

四、在新媒体运用方面

…………

五、下一步工作计划

…………

问题分析

案例中，会议的主题是“交流网站建设经验”，该单位领导讲话的内容是“网站从哪几个方面进行升级改版”。

很显然，网站改版只是网站建设的一部分内容，而且更多的是技术层面的工作。一个单位的网站改版往往是单位对网站的页面、栏目、功能等提出具体要求，然后由网站设计建设公司去实施。

一个单位的网站建设至少应该包括网站本身是如何设计制作的、网站在运行中是如何管理维护的、网站的功能是如何有效发挥的三个部分。

该单位在会议上只讲“网站改版”这一件事，无法展示其在网站建设中的经验，不足以成为在会议上发言的先进典型，同时也不符合上级单位组织召开这个经验交流会议的初衷。

另外，会议的主题是经验交流，只需要谈做法和取得的成绩，而不需要讲下一步的工作计划。

正确写法

根据会议主题，该单位应该从“网站搭建、网站管理、网站运用”三个方面来介绍网站建设经验。如果三个方面都做得很好，可以一一介绍。如果只有其中一点或两点做得很有代表性，则取其一点或两点进行重点介绍，其他事项可以一笔带过。

该案例中讲话稿的正确写法的大概框架为：

各位领导、各位同仁：

大家好！

根据会议安排，现将我单位门户网站建设情况，向大家简要汇报。我单位门户网站2005年开始建设，历经三次改版，目前网站功能不断完善，影响力不断提升，成为交流工作的重要平台，展示单位形象的重要窗口。我们的主要做法是：

一、结合业务工作，科学设计网站版面

…………

二、建立规章制度，严格规范网站管理

…………

三、强化功能运用，充分发挥网站作用

…………

92. 忽略听众

案例

某单位召开大会，部署贯彻落实十八届三中全会精神，参加会议的人员是直属单位负责人和机关内设处室负责人。该单位领导讲话的主要内容是：

同志们：

为更好地贯彻落实十八届三中全会精神，结合单位实际，我提几点要求：

一、各单位要高度重视

…………

二、各单位要认真组织

…………

三、各单位要抓好落实

…………

问题分析

俗话说："在什么山上唱什么歌。"就讲话来说，就要"在什么场合讲什么话"。

案例中，领导讲话的对象是直属单位负责人和机关内设处室负责人。该领导的讲话内容中只提到"各单位"要怎么样，忽略了前来参加会议的"机关内设处室负责人"。

如果确实不涉及"机关内设处室负责人"，那就不必通知他们来参加会议，这也是符合中央"八项规定"中控制会议规模的要求。如果需要他们来参加会议，那么在讲话中就要讲与他们有关的内容。

正确写法

一篇好的讲话稿应该充分考虑听众的心理需求，讲话的内容要关照到在场的每一位听众，让每一位听众都觉得领导是在讲自己，这样才能达到讲话的目的。

案例中讲话稿的正确内容应改为：

同志们：

为更好地贯彻落实十八届三中全会精神，结合单位实际，我提几点要求：

一、要高度重视

…………

二、要认真组织

…………

三、要抓好落实

…………

在标题中不点某一部分听众，在接下来的具体内容中，要把在场的每一位听众都关照到。当然，这里的“关照”不是点出每个人的名字，而是领导的讲话要让每一位听众都能找到与自己有关的信息，都能“对号入座”。

93. 高度不够

案例

某单位承办一项大型活动，请一位分管的省委领导出席活动筹备会议并讲话，该单位给省委领导起草的讲话代拟稿如下：

同志们：

今天会议的主要任务是：研究讨论活动总体方案和组委会成员单位职责分工，动员各部门紧急行动起来，全力以赴做好最后冲刺阶段的各项筹备工作，确保把活动办得圆满成功。刚才筹委会各成员单位负责人发表了很好的意见，下面我就做好筹备工作讲三点意见：

一、深化认识，强化责任，切实增强举办该项活动的责任感和使命感

…………

二、振奋精神，突出重点，以倒计时临战状态高标准做好各项筹备工作

筹备工作进入最后冲刺阶段，时间紧，任务重，要求高，难度大，务必集中一切人力、物力和财力，突出重点难点，围绕关键环节，全面保障总体目标的顺利实现。当前，要切实抓好以下几项重点工作：

1. 着力抓好各项重大活动的筹备工作。这次活动内容丰富，必须精心组织，突出重点，扎实有序推进各项筹备工作。

一是要抓好开幕式演出……

二是要抓好评奖活动……

三是要抓好展览活动……

四是其他各项活动也要坚持一流标准……

各有关部门和单位要根据组委会的安排部署，从展览实际出发，从接待服务、换台衔接、设施安全、电力保障、内外环境营造等方面，对所有场馆再进行一次严格检查，特别是要对所有设施、灯光、吊杆等

进行重点检测，认真解决前期评估时发现的问题，把各种情况设想周全，确保选用的场馆符合各项要求。要高度重视现场服务工作，对每个环节上的服务人员进行严格培训演练，确保达到业务熟练、服务规范、仪表整洁、热情周到的要求。要通过一流的服务、一流的工作，创造高效、优良、便利、安全的展览环境，使每场活动都能得到精彩呈现。

2. 着力提高本省参赛作品质量……

3. 着力做好宣传造势工作……

4. 着力做好服务保障工作。作为东道主，我们必须把服务保障工作摆到重要位置，尽好地主之谊。一是现场服务。各项活动工作专班要认真地思考，指派专人负责，明确职责分工，建立无缝隙责任链条，为各项大型活动提供周到的服务，保证每项工作有人抓、有落实，确保在细节上不出纰漏。二是接待服务。接待工作专班要超前掌握来宾情况，根据各项活动日程安排，抓紧制定总体接待工作方案和分组接待工作方案，做到统一安排，分工负责，周到细致，展现文明礼貌、热情好客的形象。加强个性化全程服务，客从哪里来，人往哪里去，吃住行都要统筹安排好，切实让来宾乘兴而来，满意而归。对每个团体，也要安排专人负责联络接待，切实做好迎宾接送、报到乘车、餐饮住宿、参加活动等各个环节的协调衔接工作，力争把接待服务工作做得温馨舒适、方便周到。

5. 着力做好安全保卫工作。整个活动期间，安全第一，是活动圆满成功最大标志，也是一票否决的事，如果安全出了问题，其他各项活动再精彩，一切将付诸东流。要把安全防范工作做得更扎实一些，加强公安、消防、交通运输、饮食卫生等关键环节上的保障措施，分别制定详细的安全保卫方案和突发事件应急预案，加强供水、供气、供电、通信等基础设施的管理维护，杜绝各类安全隐患，确保观众的人身安全，确保场所的公共安全，确保饮食卫生安全，确保良好的社会公共秩序，确保不出任何问题。

三、明确职责，分工协作，切实将各项工作落到实处

1. 加强领导，抓好落实。该活动是今年工作的一件大事，省里成立了组委会，各单位、各部门也要成立相应工作机构，加大工作力度，强化组织协调，及时研究解决筹办中遇到的实际问题。各单位、各部门

要抽调精干力量投入筹办工作，做到领导到位、人员到位、工作到位，确保不误时不误事。

2. 细化方案，落实责任。各单位、各部门要按照今天会上原则通过的总体方案和成员单位工作职责，根据各自的工作任务，及早入手，制定切实可行的详细工作方案，细化分工，狠抓落实，将每一项工作落实到每个部门，落实到每个人。

3. 强化协调，形成合力。各成员单位职责分工已经十分明确，各单位、各部门要加强团结协作，形成合力；要增强责任意识、服务意识和大局意识，对本部门、本单位的工作任务要细致筹划，创造性地开展工作；要加强沟通协调，密切配合，确保工作任务不误时、不漏项，细致周密地推进各项筹备工作。

问题分析

该案例的错误是“高度不够”。

这里说的“高度”，是指讲话者站位的高度。省委领导讲话要站在省委的高度，要符合他的身份。

省委领导出席活动筹备会议，目的是表示省委对该项活动的重视，任务是要站在省委的高度对承担活动筹备工作的相关省直单位进行综合协调，向这些单位部署工作、交办任务、提出落实工作的要求。而不是事无巨细地，把每一项具体工作应该怎么去开展、怎么去完成的具体措施都一一讲出来。如案例中加下划线的部分，甚至都涉及对设施、灯光、吊杆进行检查，协调接站、送站、报到、乘车、餐饮、住宿，维护供水、供气、供电、通信等。

为什么省领导不能讲这么具体？因为：

第一，从依法行政的角度讲，每个部门或单位以及相关领导都有相应的工作职能，应该讲职能范围内的话、做职能范围内的事，不越位、不缺位、不错位。

第二，从管理学角度讲，上级领导把工作部署得太细，下面具体办事的人就不好落实。

第三，从会议的角度讲，对某项具体工作的落实是各相关承担单位的任务，是承担单位负责人在会议上讲话的内容。如果省领导把这些具体工作讲了，那么他们讲什么呢？

所以讲话稿的写作要把握好“高度”，省领导站在全省的高度、厅领导站在全厅的高度、处室领导站在本处室的高度，如同三楼、二楼、一楼的区别。

正确写法

从“充分认清举办活动的重要意义、抓紧做好各项筹备工作、切实将各项工作落到实处”三个方面提出相关要求即可。

94. 没有落地

案例

某县级单位领导在研究农村文化建设工作会议上的讲话，主要内容如下：

同志们：

在新起点上的农村改革发展必将带来农村文化建设的新高潮，新农村文化建设迎来了重要而又难得的发展机遇。我们必须抓住机遇，进一步统一思想，认真谋划、周密部署我县农村文化建设，以实际行动迎接农村文化建设新高潮的到来。

一、用科学发展观统领新农村文化建设。科学发展观是我国经济社会发展的重要指导方针，是发展中国特色社会主义必须坚持和贯彻的重大战略思想，更是农村文化建设的行动指南。新农村文化建设既是落实科学发展观的重要方面，又是实现科学发展观的文化保证，我们要用科学发展观来统领新农村文化建设。当今时代，文化越来越成为民族凝聚力和创造力的重要源泉，越来越成为综合国力竞争的重要因素。丰富精神文化生活，越来越成为人民群众的热切期望。我们要适应新的历史时期对农村文化建设的新要求，反映人民群众对丰富文化生活的新期待，实现党的十七大提出的推动文化大发展大繁荣、掀起社会主义文化建设新高潮的目标，就要把科学发展观贯穿到文化建设的全过程，切实用科学发展观来统领新农村文化建设、指导新农村文化工作。

二、通过深化改革促进新农村文化建设。当前，我国农村正在发生新的变革，总体上已经进入以工促农、以城带乡的发展阶段，进入加快改造传统农业、走中国特色农业现代化道路的关键时刻，进入加速破除城乡二元结构、形成城乡经济社会发展一体化新格局的重要时期。农村文化必须适应这一新的变化，以新的理念和思路破解农村文化发展难题，不断深化农村文化体制改革、创新农村文化发展机制，为推动农村文化繁荣、促进社会和谐与协调发展提供不竭源泉。

三、以优质高效服务满足农民基本文化需求。现在，农村文化生活十分匮乏，一方面广大农村群众的文化生活形式单一，一方面政府提供给广大农村群众的文化产品数量不足，农村群众看书、看电影、看戏等多样化的文化需求得不到满足。满足农民基本文化需求是农村文化工作的出发点和落脚点，是党和国家赋予的神圣使命和义不容辞的责任，是广大农村父老乡亲不能再少的苦苦期盼。要满足农民基本文化需求并不是一件容易的事，我们肩上的担子很重，我们必须开拓创新，克难奋进，想农民之所想，急农民之所急，把有限的资源用在农民最迫切需要的地方，达到优质高效、农民满意的效果。

问题分析

该案例反映的是“拔得太高，没有落地”的问题。

不谋全局者，不足谋一域。作为一个单位的领导，应该胸怀全局，站在全局的高度去谋划工作，但是更要将全局与自己单位的工作结合起来，否则就是飘在空中，没有落地。

案例中讲了三方面，第一个方面讲的是科学发展观的重要性和文化工作的意义，提出要“用科学发展观统领新农村文化建设”这一观点；第二个方面讲的是农村工作的形式，提出要“深化改革促进新农村文化建设”这一观点；第三个方面讲的是满足农民基本文化需求的意义，提出要“以优质高效服务满足农民基本文化需求”这一观点。

问题是：第一，这三个方面都是站在全国的高度来讲的，拔得太高。第二，提出了三个观点以后，没有站在本地本单位的角度来讲具体的工作措施，没有落地。

正确写法

第一，要把高度降低一点，可以站在全省或者全县的高度来讲意义、讲形式、讲现状。

第二，要结合本地本单位实际情况，提出具体的落实措施。

如对“通过深化改革促进新农村文化建设”这一

观点，可以从进一步完善乡镇文化体制机制、进一步改善文化事业内部管理机制、积极探索多元文化发展新格局三个方面提出具体措施。对“以优质高效服务满足农民基本文化需求”这一观点，可以从“要把阵地用足、要把下乡搞活、要把特色唱响”三个方面提出具体措施。

95. 越俎代庖

案例

某单位召开本系统年度工作会议，单位班子成员、中层干部和下属单位负责人参加会议。单位班子成员里面的一位副职领导，在讲话时把各下属单位的本年度工作成绩一一点评了一遍。

问题分析

该领导讲话的不妥之处就是“越俎代庖”，即讲了本该由别人讲的话。单位副职领导一般只负责单位整个工作的一部分，那么在这种场合该领导只能讲他分管领域内的工作，不能讲其他领导分管的工作，更不能讲全面工作。

正确写法

该领导应该只对他分管的工作发表意见，比如可以讲以下几层意思：

一是分管的工作取得了新的成绩，值得肯定，这是党组正确领导、其他单位大力支持、大家共同努力的结果。

二是目前的成绩与事业发展的总体目标仍有差距，要进一步改革创新、激情奋进。

三是明年要重点抓好的几项工作和要求。

96. 关照不够

案例

某县申报世界文化遗产成功，联合国宣布当天，县政府举行了“世界文化遗产地”挂牌仪式，省领导、市领导、县领导出席仪式并分别讲话。县政府办公室为省、市、县领导起草的讲话代拟稿，主要内容分别如下：

省领导的讲话代拟稿的主要内容：

各位领导、各位来宾：

大家好！

首先我代表省政府向×××县申报世界文化遗产成功表示热烈的祝贺！

文化遗产蕴含着中华民族特有的精神价值、思维方式、想象力，体现着中华民族的生命力和创造力，是各民族智慧的结晶，也是全人类文明的瑰宝。……（主要讲文化遗产保护的意义）

×××县的文化资源丰富多彩，有着弥足珍贵的文物资源。……（主要讲该县的文化遗产资源）

×××遗址申报世界文化遗产成功是……（主要讲申报世界文化遗产成功的意义）

希望你们……（代表省政府向该县提希望）

谢谢大家！

市领导讲话代拟稿的主要内容：

尊敬的×××省长、各位领导、各位来宾：

大家好！

首先我代表市政府向×××县申报世界文化遗产成功表示热烈的祝贺！

文化遗产是历史的载体，保护文化遗产也就是保护我们自己的历史。……（主要讲文化遗产保护的意义）

×××县是我市的文化资源大县，该县的×××遗址更是我市优秀文化遗存的杰出代表……（主要讲该县的文化遗产资源和该遗址的重要地位）

×××遗址申报世界文化遗产成功是……（主要讲申报世界文化遗产成功的意义）

希望你们……（代表市政府向该县提希望）

谢谢大家！

县领导讲话代拟稿的主要内容：

尊敬的×××省长、×××市长、各位领导、各位来宾：

大家好！

×××县申报世界文化遗产成功，是各级领导高度重视、社会各界大力支持、×××县干部群众齐心协力共同努力的结果，在此我谨代表×××县政府向各位表示衷心的感谢！

保护自己的文化遗产，是我们每一个公民应尽的义务。这种义务不仅仅基于我们对多样文化共存和保护文化生态的需要，也是基于我们对文化发展繁荣的一种责任。……（主要讲保护文化遗产的重要意义）

×××遗址是我县的重要文化资源，是我县的一张文化名片……（主要讲该遗址的重要地位）

申报世界文化遗产成功将给我县的经济社会发展带来……（主要讲申报世界文化遗产成功的意义）

下一步我们将在做好保护工作的基础上，科学地

开展合理利用工作……（主要讲下一步的考虑）

谢谢大家！

问题分析

在多个人同时讲话的场合，每个讲话人的内容要相互关照，不能各讲各的，也不能都讲一样的。

该案例中，省、市、县三个领导的讲话代拟稿，虽然文字表述不一样，但内容和所表达的意思基本上是一样的。这就是典型的同一场合不同领导讲话内容之间关照不够的问题。

正确写法

为领导起草讲话代拟稿的工作人员要对三个领导的讲话内容进行适当分工，使每个领导的讲话单独来看各有侧重，但将他们的讲话合起来看又是一个整体。

该案例中各位领导的讲话就可以这样分工：

省领导的讲话稿宏观一点，站在全省的角度，重点讲文化遗产的意义、该遗址成为世界文化遗产对全省的影响、希望该市打好这张文化牌，重在讲意义和提要求。

市领导的讲话稿具体一点，站在全市的角度，重点讲对省领导指示的落实和对县文化遗产保护工作的支持，重在承上启下。

县领导的讲话稿更实一点，站在落实的角度，主要讲如何对该世界文化遗产进行有效的传承保护和开发利用，重在感谢、展望和落实。

97. 韵律不美

案例

某督导组对某地图书馆的工作进行检查，督导组组长在反馈督导意见时的讲话部分内容如下：

我们先后实地察看了图书馆外借大厅、少儿阅览室、报刊室、古籍馆、电子阅览室等活动场所，对图书馆基础设施建设、免费开放、未成年人服务、古籍保护、活动开展等情况进行了详细了解，并重点对共享工程电子阅览室、数字图书馆推广工程及图书馆数字资源建设与服务情况进行了现场考察，随后认真听取了×××馆长关于图书馆建设工作的汇报，同时对照检查项目查阅了相关文件资料。

问题分析

讲话稿是要讲出来让别人听的，所以在句子结构和形式上要认真推敲，要让人讲起来朗朗上口、富有韵律，让人听起来清晰明了、悦耳动听。

案例中，督导组组长讲了五件事，用了五句话：（1）实地察看了图书馆外借大厅、少儿阅览室、报刊室、古籍馆、电子阅览室等活动场所。（2）对图书馆基础设施建设、免费开放、未成年人服务、古籍保护、活动开展等情况进行了详细了解。（3）对共享工程电子阅览室、数字图书馆推广工程及图书馆数字资源建设与服务情况进行了现场考察。（4）认真听取了×××馆长关于图书馆建设工作的汇报。（5）对照检查项目查阅了相关文件资料。这五句话的句子结构形式不同，读起来不顺，听起来不美。

正确写法

将五件事五句话的句子形式改成一致。如下：

我们先后查看了图书馆外借大厅、少儿阅览室、报刊室、古籍馆、电子阅览室等活动场所，了解了图书馆基础设施建设、免费开放、未成年人服务、古籍保护、活动开展等情况，考察了共享工程电子阅览室、数字图书馆推广工程及图书馆数字资源建设与服务情况，听取了×××馆长关于图书馆建设工作的汇报，查阅了相关文件资料。

用“查看了……了解了……考察了……听取了……查阅了……”表达五件事情，都是动宾短语，句式一致，富有韵律之美，读起来、听起来都很舒服。

98. 内容空洞

案例

某单位领导在总结 2014 年工作时的讲话，部分内容如下：

回首 2014 年，在实践中学习，在学习中学悟，有得有失已然走过；展望 2015 年，在总结中构想，在构想中再接再厉写好新篇章。增强文化自觉，提升文化品位，引领精神生活，文化部门责无旁贷；处在新的时代、担当新的使命、迎接新的挑战，文化干部大有可为。好雨知时节，当春乃发生，站在崭新的起点，抖擞精神面向未来，我们更加坚定自信、激情豪迈！

问题分析

该段文字很花哨，很空洞，没有实质性内容，这正是目前反对的“文风不实”的问题。

正确写法

干脆不要。这样的文字在讲话稿中应该删掉。

99. 概念不对

案例

某驻湖北公司的领导在向客户介绍湖北特点的讲话中，反复讲到“湖北的文化是楚文化”。

问题分析

这是在讲话中经常会出现的问题，由于讲话者的专业结构有限，对具体事项又缺乏考证，就会出现类似的概念错误。

从专业的角度讲，“楚文化”是一个以时间为界限的概念，从《史记·楚世家》中记载“当周成王之时，举文、武勤劳之后嗣，而封熊绎于楚蛮，封以子男之田，姓芈氏，居丹阳”楚国建立，到公元前 223 年楚国被秦国所灭，这段时间楚人创造的文化可以称之为楚文化。“湖北”是一个地域概念，将地域概念等同于时间概念很显然是错误的。

正确写法

根据历史演变，湖北又称为“荆楚大地”，“荆楚”是个地域概念，因此可以说“湖北的文化是荆楚文化”，这样讲概念就对了。

领导的讲话具有一定的权威性，因此一定要对每一个概念进行考证，不能出现类似的常识性错误。

100. 不讲辩证法

案例

（1）某单位领导在布置改革任务时的讲话部分内容如下：

要自觉用习近平总书记系列重要讲话精神指导改革发展实践，以前所未有的力度深化体制改革，明确各项改革任务，每项重点改革任务都用一至两个月进行集中攻坚，确保在重点领域和关键环节取得实质性突破。

（2）某单位领导在省级创建工作会议上的讲话部分内容如下：

我们创新工作方法，参照国家标准，组织开展了省级示范县市创建工作，9 月份已经评出了第一批 10 个创建县市。对此项工作，我想重点强调一点，就是已经被列为创建单位的县市，要履行承诺，按照创建要求，切实完成创建任务，力争通过创建，积累经验、总结规律、探索思路、破解难题，充分发挥典型示范作用。

问题分析

案例（1）中，领导只考虑了改革动作要快。众所周知，改革是一项长期的、系统的、复杂的工作，“用一至两个月进行集中攻坚，确保在重点领域和关键环节取得实质性突破”，这是不可能实现的。

案例（2）中，领导只强调了已经评出的第一批 10 个创建县市，要“履行承诺，按照创建要求，切实完成创建任务，力争通过创建，积累经验、总结规律、探索思路、破解难题，充分发挥典型示范作用”，那么大多数没有被评为创建单位的县市，应该怎么开展工作呢？

正确写法

领导讲话布置工作要考虑全面，要运用辩证法，不能只讲问题的一个方面，而忽略了另一个方面。

案例（1）中，可以将“突破”改为“进展”。“用一至两个月进行集中攻坚”，确保改革“在重点领域和关键环节取得实质性进展”，这是可以实现的。

案例（2）中，可以将“强调一点”改为“强调两点”。即：

对此项工作，我想重点强调两点：一是已经被列为创建单位的县市要履行承诺，按照创建要求，切实完成创建任务，力争通过创建，积累经验、总结规律、探索思路、破解难题，充分发挥典型示范作用。二是暂时没有被列为创建单位的县市要更加努力，比照创建标准，积极主动加快发展，创造条件，争取尽早被列为创建单位。

后记

在公文学习、写作的过程中，常常出现“一看就懂，一听就会，一写就错”的现象。为什么错，错在何处，有没有改错、防错、止错的办法？中国人民大学出版社黄海飞先生和我的老师湖北大学洪威雷教授，多次就这一问题进行讨论。承蒙洪老师和黄先生抬爱，力推我撰写一本以问题为导向的实用性公文写作工具书。

这本书与公文写作教材的编写截然不同，它更强调实用性、实战性。经过反复讨论，我们将书名定为《公文写作中最常见的100个错误》，全书分为10章，每章10个错误案例，每个错误案例，必须是在公文写作实践中经常出现的、共性的、对公文写作工作者具有“前车之覆、后车之鉴”指导意义的案例。

在撰写的过程中，我的领导雷文洁厅长，从鼓励年轻人的角度，支持我写好此书，并亲自为该书作序。湖北省民政厅文增显、湖北大学刘星海、天津市人民政府办公厅李嘉和、河北省人民政府办公厅张茂叶、江苏省人民政府编制办刘为民、宜昌市委丁绪欢、湖北省委政研室刘剑、广东省委宣传部高景海、湖北省教育厅马志、湖北大学知行学院任秀霞、湖北省人才中心王小捷，他们一致认为此书有鲜明的实用价值和广阔的市场空间，都很支持此书的编写。这样就取得了集思广益的成效。我在统稿时随机抽取了几章，征求上海《秘书》杂志主编赵毅教授和长春《应用写作》杂志主编董宇教授的高见，没想到竟得到他们充分的肯定，表示为了公文写作的严肃性、规范性、普及性，愿免费刊登此书的内容介绍。该书还得到华中师范大学湖北历史文化研究院的支持。

公文在经济、政治、文化、社会、生态文明建设等领域的管理、指导、规范、联系、知照、依据、凭证、宣传、教育等作用，决定了其“经国之枢机”、“政事之先务”的地位，是极为严肃的写作活动。不少单位和公文写作者因对其严肃性认识不足，在写作中出现不少违规、违纪、违法和不作为、乱作为的问题。编写此书的初衷就是减少和防止此类问题出现，使公文更好地为改革发展服务，为建设富强、民主、文明、和谐的祖国服务。

诚愿此书能提升公文写作规范的知晓率和止错率。

真诚敬请同行、专家学者和广大读者直接来信批评指正，以便下次再版修订时，使之更加完善、实用。

刘伟伟

2014年12月31日

图书在版编目（CIP）数据

公文写作中最常见的100个错误/刘伟伟著．—北京：中国人民大学出版社，2015.5

ISBN 978-7-300-21321-7

Ⅰ．①公…　Ⅱ．①刘…　Ⅲ．①公文-写作　Ⅳ．①H152.3

中国版本图书馆CIP数据核字（2015）第109025号

公文写作中最常见的100个错误

刘伟伟　著

Gongwen Xiezuo zhong Zui Changjian de 100 Ge Cuowu

出版发行	中国人民大学出版社		
社　　址	北京中关村大街31号	**邮政编码**	100080
电　　话	010－62511242（总编室）		010－62511770（质管部）
	010－82501766（邮购部）		010－62514148（门市部）
	010－62515195（发行公司）		010－62515275（盗版举报）
网　　址	http://www.crup.com.cn		
经　　销	新华书店		
印　　刷	涿州市星河印刷有限公司		
开　　本	890 mm×1240 mm　1/32	**版　　次**	2015年7月第1版
印　　张	11.25 插页1	**印　　次**	2025年1月第7次印刷
字　　数	160 000	**定　　价**	35.00元